Der Schnee – »Dieses Zeug, das aus dem dunklen / Himmel hell fällt« (Hans Magnus Enzensberger) – ist eine schlichte und wunderbare Tatsache unseres Lebens: weiß, weich und kühl. Was verbinden wir nicht alles mit ihm: Unschuld und Freude, Frieden und Stille, Neuanfang und Erlösung. Zahllose Gedichte und Geschichten sind über ihn geschrieben worden. So wie jede Schneeflocke ein anderes Kristall bildet, so hat auch jeder Dichter den Schnee anders gesehen: mal als weiße Decke, mal als wütenden Sturm, mal als tanzende Flocke, mal als erstarrtes Kristall. Diese Anthologie versammelt eine Auswahl von Schnee-Gedichten und -Geschichten von Ringelnatz und Tucholsky, Tolstoj und Fontane, Pasternak und Büchner, Hemingway und Hubert Selby und vielen anderen.

insel taschenbuch 2695
Das Buch vom Schnee

Das Buch vom Schnee

Lesestoff für Wintertage

Herausgegeben
von Simone Frieling

Insel Verlag

Für David

insel taschenbuch 2695
Erste Auflage 2000
Originalausgabe
© Insel Verlag Frankfurt am Main und Leipzig 2000
Alle Rechte vorbehalten,
insbesondere das der Übersetzung, des öffentlichen Vortrags
sowie der Übertragung durch Rundfunk und Fernsehen,
auch einzelner Teile.
Kein Teil des Werkes darf in irgendeiner Form
(durch Fotografie, Mikrofilm oder andere Verfahren)
ohne schriftliche Genehmigung des Verlages
reproduziert oder unter Verwendung elektronischer Systeme
verarbeitet, vervielfältigt oder verbreitet werden.
Textnachweise am Schluß des Bandes
Vertrieb durch den Suhrkamp Taschenbuch Verlag
Umschlag nach Entwürfen von Willy Fleckhaus
Umschlagabbildung: Getty images
Satz: Hümmer GmbH, Waldbüttelbrunn
Druck: Nomos Verlagsgesellschaft, Baden-Baden
Printed in Germany

1 2 3 4 5 6 – 05 04 03 02 01 00

INHALT

Vorwort: Schnee 13

»Er breitete seine Jacke über den Schnee und legte das Baby darauf«
GEBURT UND NEUANFANG

Joseph von Eichendorff: Kapitel von meiner Geburt ... 19
Boris Pasternak: Der Stern der Geburt 20
Paul Verlaine: Der Schnee 24
Stefan George: Waller im Schnee 25
Hermann Hesse: Vor einer Sennhütte im Berner
 Oberland 25
Johannes Bobrowski: Feuer und Schnee 29
Mascha Kaléko: Lied im Schnee 30
Hans Magnus Enzensberger: Kirschgarten im Schnee .. 31
Meir Shalev: Judiths Liebe 32

»Winterfreuden«
LUST AM SCHNEE

Friedrich Gottlieb Klopstock: Winterfreuden 39
William Carlos Williams: Winter 40
Alfred de Vigny: Der Schnee 41
Brüder Grimm: Frau Holle 41
Ernst Meister: Winterlich 45
Erich Kästner: Meyer IX. im Schnee 45
Joachim Ringelnatz: Schnee 46
Paul Colinet: Die Seitensprünge des Schnees 47
Richard Brautigan: Der kleinste Schneesturm,
 der je registriert wurde 48
Mark Twain: Die romantische Geschichte der
 Eskimomaid 50

Günter Eich: Vorwinter 57
Mascha Kaléko: Betrifft: Erster Schnee 57
Yvan Goll: Schneemorgen 58
Rose Ausländer: Schneeschmelze 59
Issa und Kikaku: Zwei Haikus 60

»Das eigentliche Weiß«
MEDITATIONEN ÜBER DEN SCHNEE

Ingrid Wiltmann: Das eigentliche Weiß 63
Armin T. Wegner: Raben im Schnee 64
Wallace Stevens: Der Mann im Schnee 65
Jürgen Kross: schneegedichte 66
Felix Braun: November 67
Gunnar Björling: Der Schnee 67
Jiří Wolker: Winter 68
Jewgenij Jewtuschenko: Der Schnee fällt und fällt 68
Robert Frost: Innehaltend inmitten der Wälder
 an einem Schnee-Abend 69
Kurt Tucholsky: Es gibt keinen Neuschnee 70

»Der ewige Schnee«
SCHNEE UND STILLSTAND

Jens Johannes Jörgensen: Der ewige Schnee 75
Peter Huchel: Schnee 75
Tomas Tranströmer: Formeln des Winters 76
Hans Magnus Enzensberger: Schattenbild 77
Reiner Kunze: Leere Schneestangen, Norwegen,
 Mitte September 78
Émile Verhaeren: Der Schnee 79

»Schneesturm fegt im Herzen«
SCHNEE UND LIEBE

Sergej Jessenin: Schneesturm 83
Boris Pasternak: Wiedersehen 83
Émile Verhaeren: Nun die Flimmer von Schnee
  auf unser Dach 85
Alexandr S. Puschkin: Winterliche Fahrt 86
Leo N. Tolstoj: Anna Karenina 87
Theodor Fontane: Effi Briest 94
Marie Luise Kaschnitz: Schnee 102
Paul Celan: Schneebett 104

»Es kommt noch mehr Schnee herunter«
SCHNEE UND ZEITGESCHICHTE

Nicanor Parra: Schnee 107
Kenneth Rexroth: Fallende Blätter und früher Schnee .. 108
Jürgen Becker: Schnee-Gedicht, 1969 109
Bertolt Brecht: Frühling 1938 110
Paavo Haavikko: Winterpalast 110

»Der Schnee wird bleicher«
SCHNEE UND UNHEIL

Georg Heym: Der Winter 117
Peter Huchel: Winterpsalm 118
Adelbert von Chamisso: Der erste Schnee 119
Georg Büchner: Lenz 119
Max Frisch: Homo faber 123
David Guterson: Eine amerikanische Ulme 124
Sylvia Plath: Die Glasglocke 130
Richard Ford: Abendländer 136

*»Schnee knirscht unter den Füßen
wie pulverisierte Gebeine«*
TOD IM SCHNEE

Roger McGough: Schneebild 143
Walter Höllerer: Der lag besonders mühelos am Rand .. 143
Sten Nadolny: Die Entdeckung der Langsamkeit 144
Juan Dávalos: Der weiße Wind der Anden 156
Franz Werfel: Der Schneefall 158
Nikolaus Lenau: Winternacht 159
Alexander Blok: Masken 160

*»So weit wie die ganze Welt,
groß, hoch und unvorstellbar weiß«*
ERLÖSUNG IM SCHNEE

Ernest Hemingway: Schnee auf dem Kilimandscharo .. 163
Peter Handke: Wunschloses Unglück 171
Nelly Sachs: Diese Schneeblume 173
Ulla Berkéwicz: Adam 174
Simone Frieling: Streit 176
Ingeborg Bachmann: Prag Jänner 64 179
Hans Bender: Die Wölfe kommen zurück 180
Hubert Selby: Lied vom stillen Schnee 187
Anne Sexton: Schnee 205
Hans Magnus Enzensberger: Zum Ewigen Frieden 205

Textnachweise 208

Das Buch vom Schnee

Es schneit,
und an den Pflanzen und Bäumen, die
für den Winter sich eingeschlossen,
da sprießen Blüten
einer im Frühling unbekannten Art

                          KI NO TSURAYUKI

Schnee

Die erste Schneeflocke in meinem Leben fing ich mit dem Mund auf. Das kalte Kristall zerging auf meiner Zunge, kühlte sie und löschte meinen Durst. Mit einem Drehschritt, den ich mir von den tanzenden Flocken abgeschaut hatte, ließ ich mich taumelnd in den Schnee fallen und schaute hinauf in den Himmel. Wirbelnde Farbtupfen verwandelten die Welt, und es war wie Musik: eine hüpfende, selige Freude.

Von dem weißen Pelz bedeckt, sah die Welt anders aus. Die Bäume standen jetzt in Blüte, reicher als ein Kirschbaum im Frühling sie hätte vorbringen können. Puderzucker lag auf den Dächern. Wie im Schlaraffenland würde ich nur eine Leiter benötigen, und schon könnte ich den süßen Staub mit den Händen greifen. Die Eiszapfen, die von der Dachrinne herunterhingen, sahen noch verlockender aus. Ich kletterte auf eine Mauer und klopfte vorsichtig gegen sie, so vorsichtig wie an das Weinglas meiner Großmutter. Der hohe, feine Ton war schöner als von klirrendem Glas. Am Ende brach ich den längsten Eiszapfen ab und brachte ihn meinen Brüdern als Leckstange mit nach Hause.

Wenn es draußen stürmte, der Schnee ums Haus wirbelte und den Wind wie ein scharfes Messer mit sich führte, saßen wir Kinder auf der Holzbank in unserer Küche und freuten uns an dem wilden Getobe der weißen Flocken, die sich zu Klumpen oder kleinen Hügeln zusammentaten, als Lawinen von unserem Dach hinunterrutschten und sich über unserer Birke ausschütteten wie Frau Holles Federkissen. Einige Flocken verirrten sich an der Fensterscheibe, schauten zu uns herein mit ihren vollkommenen kleinen Sterngesichtern, bis sie langsam vor unseren Augen schmolzen. Wie sicher und geborgen saßen wir im Haus. Still, fast andächtig sahen wir in das wilde Treiben, in das sich ständig bewegende Weiß.

Der Küchenbank gegenüber hing ein Bild: DIE JÄGER IM

SCHNEE. Im Vordergrund gehen die stillen, dunklen Jäger, in einer bekümmerten Bewegung mit ihren Hunden vereint; die Jagd war erfolglos geblieben. Wenn ich ganz unbeweglich saß, konnte ich das Knirschen des Schnees unter ihren Fußsohlen hören. Einen Abhang hinunter, eine Handbreit von den Jägern entfernt, und doch schon in einer anderen Welt, wirbeln Kinder über das Eis. Die Erwachsenen in der Konzentration auf ihre Arbeit; die Kinder selbstvergessen im Glück des Moments, im Glück des Spiels. Noch beim Einschlafen drehten sich vor meinen Augen ihre Kreisel auf dem Eis des Weihers.

Morgens, mittags und abends blickten wir Kinder auf dieses Bild und wurden nicht müde, es anzuschaun. Immer gab es etwas Neues zu entdecken, oder wir freuten uns, eine alte Erinnerung wieder wachzurufen. Aber eines konnten wir nicht verstehen: Wie hatte Breughel das Wunder vollbracht, das Spiel der Kinder so gestochen scharf, so lebendig, so laut und den Schnee auf den Dächern, den Hügeln und den unendlich fernen Bergen so leise, so unberührt zu malen?

Ist es das widersprüchliche Wesen des Schnees, das in diesem Bild offenbar wird? Die Spannung zwischen der in Starrheit verfallenen Natur und dem pulsierenden Leben, zwischen der Not der Jäger, der harten Arbeit der Bauern, die einem Schwein die Borsten absengen, um sich mit Vorräten gegen die grausame Kälte zu wappnen, und dem glückseligen Spiel der Menschen auf dem gefrorenen Dorfteich? Die Spannung zwischen der Sorge und der Lust, der Starrheit und der Bewegung, der Strenge und ihrer rhythmischen Auflösung?

Der Schnee – »Dieses Zeug, das aus dem dunklen / Himmel hell fällt« (H.M. Enzensberger) – ist eine schlichte und wunderbare Tatsache unseres Lebens: weiß, weich und kühl. Was verbinden wir nicht alles mit ihm: Unschuld und Freude, Frieden und Stille, Neuanfang und Erlösung. Zahllose Geschichten und Gedichte sind über ihn geschrieben worden. So wie jede

Schneeflocke ein anderes Kristall bildet, so hat auch jeder Dichter den Schnee anders gesehen: mal als weiße Decke, mal als wütenden Sturm, mal als tanzende Flocke, mal als erstarrtes Kristall. All diese verschiedenen »Schneelandschaften« sollen in dieser Anthologie vor dem Leser ausgebreitet werden und ihn in seinen Bann ziehen. Jede Schneeart löst ein anderes inneres Bild in uns aus, von der ersten Schneeflocke, die wir mit der Zunge fingen, weil wir Neues nur mit dem Mund entdecken konnten, bis hin zu der Schneedecke, die auf ein Grab fällt und unter der wir unseren geliebten Toten geborgen wissen.

Wir werden von Boris Pasternak lesen, der sich die Geburt Jesu in verschneiter Landschaft vorstellt, in der die herannahenden Engel eine Spur im Schnee hinterlassen. Von Hans Magnus Enzensberger, der auf einen Kirschbaum schaut, der sich gegen den Schnee wehrt und am Ende im Schnee zu blühen beginnt. Während Richard Brautigan den Fall von zwei einzelnen Schneeflocken beobachtet, ihnen die Namen »Laurel« und »Hardy« gibt und auf die Straße hinausstürzt, um die beiden zu retten.

Mark Twain werden wir vor uns auf einem Eisblock sitzen sehen in Gesellschaft einer Eskimodame, der er mit viel Fingerspitzengefühl erklären muß, warum Eis in New York eine sehr kostspielige Angelegenheit ist. Von Kurt Tucholsky werden wir lesen, wie er unter großen Anstrengungen schneebedeckte Höhen erklimmt und die bittere Erfahrung macht, daß es keinen unberührten Neuschnee gibt.

In Liebesdingen werden wir Effi Briest und Anna Karenina begleiten, die beide im Schneesturm die Kontrolle über ihre Gefühle verlieren und den eng begrenzten Raum der Konventionen ihrer Gesellschaft verlassen.

Für Bertolt Brecht ist ein Schneesturm in seinem berühmten Gedicht »Frühling 1938« Anlaß, seine Arbeit an einem Vers über den Krieg zu unterbrechen, um einen »frierenden Baum« mit einem Sack zu schützen.

Von Georg Büchners »Lenz« werden wir auf seinen »entsetzlich einsamen« Wanderungen durch verschneites Gebirge in den Bann seines Wahnsinns gezogen. Bei jedem Schritt spüren wir aufs Schmerzlichste, daß er verloren ist. Die Natur und das Wetter zeigen es an.

Zusammen mit einem Kameraden hebt Walter Höllerer einen Toten vom Wegesrand auf und legt ihn in den Schnee, der Rücken des Erschossenen »nur ein roter Lappen, weiter nichts«.

Für viele osteuropäische und nordamerikanische Autoren, bei denen es strenge Winter gibt, kündigt der Schnee Unheil, Verderben und Tod an. So auch für die Viehtreiber in den Anden, die Juan Dávalos beschreibt: »Der Weg verschwand unter dem Schnee. Sie richteten sich nach den Gebeinen gefallener Tiere, die wie schauerliche Meilensteine den Weg säumten.«

Den Abschluß der Anthologie bilden die schönsten und befreiendsten Schneebilder: Abenteuer von überstandenen Gefahren, Geschichten vom Ende des Krieges, vom Sieg über schwere Krisen und Krankheiten. Und wenn wir schließlich einen Blick in die andere Welt werfen, die sich dem Sterbenden öffnet im Moment der Erlösung, dann wird sich vor uns »so weit wie die ganze Welt, groß, hoch und unvorstellbar weiß« der flache Gipfel des Kilimandscharo zeigen.

SIMONE FRIELING

»Er breitete seine Jacke über den Schnee und legte das Baby darauf«

GEBURT UND NEUANFANG

JOSEPH VON EICHENDORFF
Kapitel von meiner Geburt

Der Winter des Jahres 1788 war so streng, daß die Schindelnägel auf den Dächern krachten, die armen Vögel im Schlaf von den Bäumen fielen, und Rehe, Hasen und Wölfe ganz verwirrt bis in die Dörfer flüchteten. In einer Märznacht desselben Winters gewahrte man auf dem einsamen Landschloß zu L[ubowitz] ein wunderbares, geheimnisvolles Treiben und Durcheinanderrennen, treppauf, treppab, Lichter irrten und verschwanden an den Fenstern, aber alles still und lautlos, als schweiften Geister durch das alte Haus. Mein Vater ging in dem großen, von einer Wachskerze ungewiß beleuchteten Tafelzimmer auf und nieder, von Zeit zu Zeit horchte er bald in die Nebenstube, bald in den tiefverschneiten Hof hinaus; dann trat er unruhig ans Fenster, hauchte die prächtigen Eisblumen von den Scheiben und betrachtete den weiten gestirnten Himmel. Die *Konstellation* war überaus günstig. Jupiter und Venus blinkten freundlich auf die weißen Dächer, der Mond stand im Zeichen der Jungfrau und mußte jeden Augenblick kulminieren. Da schlug plötzlich ein Hund an tief unten im Dorf, drauf wieder einer, immer mehrere und näher, eine Peitsche knallte und Pferdegetrappel ließ sich im Hofe vernehmen. Endlich! – rief mein Vater, eilig vor die Haustür hinausstürzend. Eine auf Kufen gesetzte, festverschlossene, altmodische Karosse dunkelte aus dem dicken Dampf der Pferde, wie aus einem Zauberrauch, in welchem der Kutscher seine erstarrten Arme gleich Windmühlenflügeln hin und her bewegte. Bitte, Herr Doktor, – sagte mein Vater, selbst den Kutschenschlag öffnend – Sie sind wohl gar drin eingeschlafen? – Auf Ehre, ein klein wenig! war die Antwort, und aus dem Wagen erstaunlich fix sprang zu aller Verwunderung, anstatt des erwarteten Doktors, ein langer, schmaler Kerl, den niemand kannte, in einer ganz knappen, verschossenen Livrey, aus welcher beim hellen Mondschein sein Ellbogen glänzte, daß einem innerlich fror, wenn man ihn ansah. Mein Vater betrachtete ihn voller Erstaunen, der Fremde nahm schnell eine Handvoll Schnee und rieb sich damit die halberfrorne Nase, der Kutscher fluchte, der Schnee knirschte unter den Tritten, der Hofhund bellte – da wurde ich in der Stube neben dem Tafelzimmer geboren. Mein Vater, da er einen Kindsschrei hörte, blickte erschrocken nach dem Himmel: der Mond hatte soeben kulminiert! um ein Haar wäre ich zur glücklichen Stunde geboren worden, ich kam gerade nur um anderthalb Minuten zu spät, und *zwar in der Konfusion mit den Füßen zuerst, man sagt, ich habe damit ein Entrechat gemacht.*

BORIS PASTERNAK
Der Stern der Geburt

Der Winter war lang.
Der Steppenwind fegte.
Und fröstelnd das Kind in der Krippe sich regte
Im Stall dort am Hang.

Da wärmt' es der Hauch, der vom Ochsen her drang.
Da war in der Enge
Ein Haustiergedränge,
Ein Wölkchen von Wärme die Krippe umschwang.

Die Hirten im Feld klopften Hirse und Flaus
Aus zottigen Pelzen
Und schauten vom Felsen
In Mitternachtsfernen verschlafen hinaus.

Da draußen warn Felder im Schnee, und nicht fern
Ein Friedhof mit Mälern

In schmäleren Tälern,
Und drüber der Nachthimmel, Stern neben Stern.

Und einer, den keiner zuvor je gesehn,
Noch schüchterner glänzt er
Als Lichter im Fenster,
Blieb flimmernd am Wege nach Bethlehem stehn.

Und flackte wie brennendes Stroh, nichts verband
Mit Gott ihn und Himmel,
Wie Flammengetümmel,
Wie fern überm Land ein Gehöft steht in Brand.

Er hob sich empor wie ein Schober aus Heu,
Der flammt in der Ferne,
Und vor diesem Sterne
Erbebte das Weltall in Angst und in Scheu.

Es mußte was heißen, daß über ihm rot
Die Himmel sich teilten;
Drei Sterndeuter eilten
Zu folgen des seltsamen Feuers Gebot.

Hinter ihnen erschienen, gezogen am Zaum,
Mit Geschenken Kamele, und zierliche Esel
Schritten ängstlich talabwärts vom felsigen Saum.

Und sie trauten der Schau ihrer Augen noch kaum:
Da erstand in der Ferne, was später gewesen,
Alles Denken und Sehnen in Zeiten und Raum,
Alle künftigen Kunstgalerien und Museen,
Alle Taten der Zaubrer und Streiche der Feen,
Alle Christbäume und aller kindliche Traum.

Alle flimmernden Lichter und schimmernden Ringe,
Alles Blitzen des Flitters am glitzernden Baum ...
... Immer wütender wurden des Wüstenwinds Sprünge ...
Alle Äpfel und Kugeln aus goldenem Schaum.

Im Tal lag der Teich hinter Weiden und Wald,
Doch war er durch Äste und Nester von Krähen
Vom Feld auf dem Felsen zu sehen, und bald
Vermochten die Hirten den Zug zu erspähen:
Kamele und Esel und manche Gestalt.
– »Kommt, laßt uns dem Wunder zu huldigen gehen!« –
Sie knöpften die Pelze zu, denn es war kalt.

Das Gehen durch Wehen erwärmte die Hirten.
Wie Glimmer zog hin durch die schimmernde Flur
Zur Hütte barfüßiger Wanderer Spur.
Entlang dieser Spur wie nach Brandresten spürten
Die Hunde beim Scheine des Sterns mit Geknurr.

Die frostkalte Nacht war ein einziges Märchen.
Und irgendwer drängte sich ein immerdar
Vom Feld in die Reihen der schreitenden Schar.
Die Hunde sahn scheu in die Runde, zum Herrchen
Schlich jeder und witterte nahe Gefahr.

Durch eben die Gegend, auf eben den Wegen
Bewegten sich Engel mit ihnen ein paar.
Unkörperlich, unsichtbar warn sie zugegen
Und nur durch die Spur auf dem Schnee offenbar.

Zum Stall kam die Menge. Es wurde schon helle,
Die Stämme der Zedern erschienen schon klar.
– »Was wollt ihr so frühe?« – so fragte Maria.
– »Sind Hirten und Boten von Gottes Altar,

Und bringen euch beiden die Huldigung dar.« –
– »Nicht alle zugleich! Wartet dort an der Schwelle!«

Im Frühmorgennebel, der aschfarben war,
Vertraten die Füße sich Treiber und Hirten.
Die Flüche der Reiter und Fußgänger schwirrten,
Am Brunnen die Ketten der Lasttiere klirrten,
Und bockig schrie Esel, Kamel, Dromedar.

Das Morgenlicht fegte, wie Funken so fein,
Die letzten der Sterne hinunter vom Himmel.
Maria ließ nun von dem ganzen Gewimmel
Die Magier allein zu dem Felsentor ein.

Er schlief, ganz im Glanz, in der eichenen Krippe,
Dem Mondstrahl im Hohlraum des Baumstammes gleich.
Vom Ochsen die Nüstern, vom Esel die Lippe
Ersetzten den Schafpelz und wärmten ihn weich.

Sie konnten kaum sehen, so dunkel sind Ställe,
Verhaltenes Flüstern im Raume nur surrt.
Und irgendwer blickte zurück nach der Helle,
Zog sacht einen Magier beiseite am Gurt,
Und der sah sich um: da schaut' von der Schwelle
Als Gast auf die Jungfrau der Stern der Geburt.

PAUL VERLAINE
Der Schnee

Der Schnee fällt durch den Nebel dichter
und hüllt geräuschlos und bedacht
den Hohlweg ein, der hinführt, sacht,
zur Kirche, wo schon glühn die Lichter
zur Messe in der Mitternacht.

Das düstre London flammt und Räuche
entfliehn Kaminen, glutentfacht,
weil Liebe Speis und Trank bewacht.
Denn Christmas ists voll alter Bräuche
von Mitternacht zu Mitternacht.

Auf Polstern und auf Asphalt lärmt
Paris und freut sich laut und lacht.
Lust und Gelage sind erwacht.
Auf Asphalt und auf Polstern schwärmt
und tobt sichs aus seit Mitternacht.

Der Kranke in der Bitternis
des Hospitals, wo ihn verlacht
die Hoffnung, immer neu entfacht,
bangt und verzehrt sich ungewiß
im langen Schwarz der Mitternacht...

Die Glocke mit dem klaren Ton
im stillen Hof, von Licht bewacht,
fern von der Sünde böser Pracht
ruft uns im Festgewande schon
zur Messe in der Mitternacht.

STEFAN GEORGE
Waller im Schnee

Die steine die in meiner strasse staken
Verschwanden alle in dem weichen schooss
Der in der ferne bis zum himmel schwillt ·
Die flocken weben noch am bleichen laken
Und treibt an meine wimper sie ein stoss
So zittert sie wie wenn die träne quillt ..

Zu sternen schau ich führerlos hinan ·
Sie lassen mich mit grauser nacht allein.
Ich möchte langsam auf dem weissen plan
Mir selber unbewusst gebettet sein.

Doch wenn die wirbel mich zum abgrund trügen ·
Ihr todeswinde mich gelinde träft:
Ich suchte noch einmal nach tor und dach.
Wie leicht dass hinter jenen höhenzügen
Verborgen eine junge hoffnung schläft!
Beim ersten lauen hauche wird sie wach.

HERMANN HESSE
Vor einer Sennhütte im Berner Oberland

Wieder steige ich im Morgenlicht durch den hohen Schnee hinan zwischen Hütten und Obstbäumen, die allmählich selten werden und zurückbleiben. Streifen von Tannenwald züngeln über mir den mächtigen Berg hinan bis zur letzten Höhe, wo kein Baum mehr wächst und wo der stille, reine Schnee noch bis zum Sommer liegen wird, in den Mulden tief und sammetglatt verweht, über Felshängen in phantastischen Mänteln und Wächten hängend.

Ich steige, den Rucksack und die Skier auf dem Rücken, in einem steilen Holzweg Schritt für Schritt bergan, der Weg ist glatt und manchmal eisig, und die stählerne Spitze meines Bambusstockes dringt knirschend und widerwillig ein. Ich werde im Gehen warm, und am Schnurrbart gefriert der Atem.

Alles ist weiß und blau, die ganze Welt ist strahlend kaltweiß und strahlend kühlblau, und die Umrisse der Gipfel stechen hart und kalt in den fleckenlosen Glanzhimmel. Dann trete ich in beengend dichten, finsteren Nadelwald, die Skibretter streifen spärliche Schneereste von lautlosen Zweigen, es ist bitter kalt, ich muß abstellen und den Rock wieder anziehen.

Überm Walde steile Schneehänge. Der Weg ist schmal und schlecht geworden. Ein paarmal breche ich bis zu den Hüften durch Schnee. Eine launische Fuchsspur geht vom Walde her mit, jetzt rechts, jetzt links vom Pfad, macht eine feine spielerische Schleife und kehrt bergwärts um.

Hier oben will ich Mittagsrast halten. Die letzte Hütte steht auf schmalem Weidebord, Tür und Fensterluken sorgfältig verschlossen, davor nach Süden eine kleine Ruhebank, drüben ein Brunnen, tief unterm Schnee mit dunkel glasigen Tönen läutend. Ich zünde Spiritus an, fülle Schnee in die Kochpfanne, taste im vollen Rucksack nach dem Teepaket. Die Sonne blitzt grell im weißen Aluminium, überm Kochapparat zittert die Luft in blasig quirlenden Formen von der Wärme, der versunkene Brunnen gurgelt schwach unterm Schnee, sonst keine Regung und kein Ton in der weiß und blauen Winterwelt.

Rings um die Hütte, von dem vorstehenden Dach geschützt, läuft eine schneefreie Gasse, da liegen tannene Bretter, Stangen, Spaltklötze umher, sonderbar bloß und nackt mitten in der Schneeöde. Ruhe, tiefe Ruhe. Erschreckender Lärm für das verwaiste Gehör, wenn am Kocher ein Schneekorn verzischt, wenn von unten aus den spitzen Wipfeln ein Krähenschrei knarrt.

Aber plötzlich – ich hatte halbwach im Sitzen geträumt, ungewiß, ob Minuten oder Viertelstunden – klingt ein unendlich schwacher, unendlich zärtlich-weicher Ton, seltsam befremdend, zauberlösend, in mein Ohr. Unmöglich, ihn zu deuten, aber mit ihm ist alles anders geworden: matter der Schnee, gedehnter die Luft, süßer das Licht, wärmer die Welt. Und wieder der Ton – und wieder, und mit rasch verkürzten Pausen wiederholt – und jetzt erkenne ich ihn, und jetzt lächle ich und sehe, es ist ein Wassertropfen, der vom Dach zum Boden fällt! Und schon fallen drei, sechs, zehn zugleich, gesellig, plaudernd, arbeitsam, und die Starre ist gebrochen; es taut vom Dache. Im Panzer des Winters sitzt ein kleiner Wurm, ein kleiner Zerstörer und Bohrer und Mahner – tik, tak, tak …

Und am Boden glitzert breit ein Streifen Feuchtigkeit, und die paar hübschen, runden Pflastersteine fangen zu glänzen an, ein paar dürre Tannennadeln drehen sich schwimmend auf einer winzigen Pfütze, die kleiner ist als meine Hand. Und die ganze Mittagsseite des Hüttendaches entlang fallen lässig die schweren Tropfen, einer in den Schnee, einer klar und kühl auf einen Stein, einer dumpf auf ein trockenes Brett, das ihn gierig schluckt, einer breit und satt auf die nackte Erde, die nur langsam, langsam saugen kann, weil sie so tief gefroren ist. Sie wird sich auftun, in vier, in sechs Wochen, und hier wird ein verblasener Grassame aufgehen, der jetzt unsichtbar schläft, klein und mastig, und zwischen den Steinen zwergiges Unkraut mit feinen Blumen, ein kleiner Hahnenfuß, eine Taubnessel, ein weiches Fünffingerkraut, ein struppiger Löwenzahn.

Wie ist der kleine Platz seit einer Stunde ganz verwandelt! Ringsum liegt immer noch mannshoch der Schnee und wird noch lange liegen. Aber im Bezirk der Hütte, wie atmet da entbundene Kraft begieriges Leben!

Vom Schneerand auf dem Bretterstoß rinnt sacht ein stiller Tropfen um den andern und verrinnt lautlos im saugenden Holz, und das Tauwasser klatscht freudig vom Dach, dessen

Schnee doch nicht zu schwinden scheint, und vor der Schwelle dampft der feuchte Boden in der Mittagssonne dünne Wölkchen aus.

Ich habe gegessen und habe den Rock ausgetan und dann die Weste, und sonne mich und gehöre mit zu der kleinen Frühlingsinsel, und wenn ich auch weiß, daß dieser kleine, spiegelnde See zwischen meinen Schuhen und jeder von diesen glitzernden Tautropfen in wenig Stunden tot und Eis sein wird – ich habe doch den Frühling schon an der Arbeit gesehen.

Der arme karge Bergfrühling, der so viele Feinde und ein so bedrängtes Leben hat, er will doch leben und arbeiten und sich fühlen! Und solange nichts anderes zu tun und an kein Gras und keine Biene, an keine Schlüsselblume und keine kleinste Ameise zu denken ist, so lange spielt der Frühling, wie ein Knabe, begnügsam und eifrig mit dem wenigen, was da ist.

Und jetzt beginnt sein süßestes Spiel. Er hat nichts als die Hütte und ihren winzigen Umkreis, alles andere liegt noch tief begraben. Da hält er sich an das einzige Lebende, was da ist, an das Holz. Er spielt mit dem Holz der Balken und der Türe, mit den Brettern und Schindeln, mit den Hackblöcken und Wurzelstöcken unterm Bretterdach. Er tränkt sie mit Mittagssonne, daß sie durstig werden, er läßt sie Tauwasser trinken, er öffnet ihre verschlafenen Poren, und das Holz, das eben noch tot und ewig vom Kreislauf der Verwandlungen ausgestoßen schien, beginnt Leben zu spüren, Erinnerung an Baum und Sonne, an Wachstum und ferne Jugend. Es atmet schwach in seinem Traum, es saugt verlangend Feuchtigkeit und Sonne, es dehnt sich in erstarrten Fasern, knackt hier und dort und rührt sich träge. Und da ich mich auf die Bretter lege und einzuschlummern beginne, kommt mir aus den halbtoten Hölzern ein wunderbar leichter, inniger Duft entgegen, schwach und kindlich voll von der rührenden Unschuld der Erde, von Frühlingen und Sommern, von Moos und Bach und Tiernachbarschaft.

Und mir, dem einsamen Skiläufer, der an Menschen und Bücher und Musik und Gedichte und Reisen gewöhnt und der aus dem Reichtum des Menschenlebens mit Eisenbahnen und Postwagen, auf Schneeschuhen und zu Fuß hier heraufgekommen ist, mir rührt der leise kindliche Duft des erwarmenden Holzes in der Sonne stärker und bezwingender an die Seele, weckt Erinnerung an fernere, tiefere Kindheiten auf, als alles, was das Menschenreich mir seit langem gab.

JOHANNES BOBROWSKI
Feuer und Schnee

Feuer,
das Birkengehölz
brennt, aus der schwärzlichen Woge,
aus dem Gewölk
Qualm
schlägt die Flamme,
der wilde Tanz Flammen, Verlockung
fährt auf die Haut, Verlockung
Flamme –

Im Meer
ist eine Straße, ein großes
Tieraug, weinend und weit
offen, die grüne Wimper
über der Wange aus Salz,
Kühle, Verlockung
Kühle –

Beides
der junge Mensch,
Verlockung Flamme, Verlockung
Kühle, der Tanz

über der Wolke, die Kühle
Salz oder Schnee, der junge
Mensch in der ersten
Tagstunde, schön von Erschöpfung,
das Haupt aus Schatten
gefügt.

In meinem Atem,
Feuer und Schnee, ich lebe.
So kommst du im Feuer,
so kommst du
morgen im Schnee.

MASCHA KALÉKO
Lied im Schnee

Nachts fiel ein Schnee auf die alternde Welt
Und machte sie schimmernd und neu.
Oh, wie freu ich mich an dem Schnee, der fällt
Auf die nagelneue, die glitzernde Welt,
Und der Park blüht so weiß wie im Mai.

Jetzt sollte man eigentlich sieben sein
Mit den tanzenden Flocken im Haar
Und den Kinderaugen wie Schnee so rein
Und so frisch wie das kommende Jahr.
– Verschollen das Lied und der Ringelreihn,
Zerstoben die Kinderschar.

Zerronnen ist der Wintertraum,
Versunken ist der Märchenbaum.
Den Zauberspruch hab ich vergessen.
Rotkäppchen ward vom Wolf gefressen.

– Nur ich allein am Fenster steh
Und starre in den Winterschnee.

HANS MAGNUS ENZENSBERGER
Kirschgarten im Schnee

I

Was einst Baum war, Stock, Hecke, Zaun:
unter gehn in der leeren Schneeluft
diese winzigen Spuren von Tusche
wie ein Wort auf der Seite riesigem Weiß:
weiß zeichnet dies geringfügig schöne Geäst
in den weißen Himmel sich, zartfingrig,
fast ohne Andenken, fast nur noch Frost,
kaum mehr zeitheimisch, kaum noch
oben und unten, unsichtig
die Linie zwischen Himmel und Hügel,
sehr wenig Weiß im Weißen:
fast nichts –

II

Und doch ist da,
eh die Seite, der Ort, die Minute
ganz weiß wird,
noch dies Getümmel geringer Farben
im kaum mehr Deutlichen deutlich:
eine Streitschar erbitterter Tüpfel:
zink-, blei-, kreideweiß,
gips, milch, schlohweiß und schimmel:
jedes von jedem distinkt:
so vielstimmig, so genau
in hellen gesprenkelten Haufen,
der Todesjubel der Spuren.

III
Zwischen fast nichts und nichts
wehrt sich und blüht weiß die Kirsche.

MEIR SHALEV
Judiths Liebe

Am Morgen des 6. Februar 1950 stand Rabinowitz vom Schlaf auf, und Judith öffnete die Augen, die immer grau gewesen waren, nun aber in neuem Blau zwischen den Krähenfüßchen hervorschimmerten.

Mosche ging zum Herd, um ihr ihren geliebten Kaffee zu kochen, und als er die Milch erwärmte, begriff er plötzlich, was ihn geweckt hatte: die Stille, die Schicht des Schweigens, die draußen alles bedeckte und die normalen Morgengeräusche des Dorfs schluckte. Kein Küken piepste, kein Kalb muhte, keine Pumpe tickte. Und als Mosche die Läden aufklappte, sah er, daß tiefer Schnee die Erde bedeckte, schwerer, überraschender, ungebetener Schnee, der die ganze Nacht niedergegangen war.

Sanft und weiß waren die Schneeflocken gefallen, leicht und schwebend hatten sie sich gesammelt und aufgetürmt. Fremde, nördliche Todesengel, schön gestaltete Sendboten des Schicksals, verirrt an einen Ort, der nicht der ihre war, kamen den häßlichen Todesarten dieses Landes zuvor – dem Schlangengift, der Sonnenglut, dem Wahn des Blutes und dem Schlag des Steins.

Das Emek war entsetzt. Mäuse und Schlangen erfroren in ihren Löchern. Steife Bülbüls, die Hauben frostgrau, fielen wie Steine von den Zweigen. Die jungen Bäumchen, von den Schulkindern drei Tage zuvor am Neujahrsfest der Bäume gepflanzt, waren verschwunden. An der Quelle brachen die großen Blätter der Kaktusstauden ab, in den Pflanzungen knickten Bäume zusammen, die kein Mensch auf eine solche Last vorbereitet hatte, und im Wipfel des Eukalyptus auf dem Rabinowitzschen Hof zählte ein mächtiger Ast den Stundenschlag der fallenden Flocken.

Eine Geschichte, so denke ich mir nächtens, braucht Form, Verlauf und Ausgang.

Es geht um strömenden Regen und einen anschwellenden Bach, einen betrügerischen Revisionisten und eine Frau, die untreu wurde, ihre Tochter verlor und zum Wohnen und Arbeiten auf den Hof eines Witwers kam, dessen Kühe sie molk und dessen Kinder sie aufzog.

Diese Geschichte, so beruhige ich mich, weigert sich, Dichtung zu sein.

Es geht um einen Viehhändler, der nicht fahren konnte, und ein Kind, über das Tod und Leidenschaft keine Herrschaft haben, um furchtlose Raben, schaukelnde Papierschiffchen und einen abgeschnittenen Zopf, um einen Onkel, dessen Haut Samenduft verströmte, zwei Granatapfelbäume und eine Heugabel, deren Stich übel ist.

Eins-zwei-drei-vier. Die Geschichte läßt Kausalketten erahnen.

Es geht um eine Frau, wie sie schöner nicht sein könnte, und um ein weißes Schiff, das ihren Namen trug. Es geht um einen Italiener, der jedes Tier und jeden Vogel nachahmen konnte, Experte für Tanzschritte und bewandert in den Regeln der Liebe. Es geht um einen Baum, der wartete, und eine Petroleumlampe, die umfiel, um eine unfruchtbare Kuh, eine Sturmnacht und einen Albino, der seinem Nachbarn Vögel vermachte und ihm die Welt auf den Kopf stellte.

Hört her, die drei Brüder aus dem Hause Schicksal sind es, die lachend die Welt erschüttern: Hätte der Lügner nicht erzählt, wäre der Bach nicht angeschwollen, wäre die Kuh nicht verkauft worden. Eins-zwei-drei-vier. Eins-zwei-drei-vier. Eins-zwei-drei-vier.

Aber der Zopf wurde versteckt, die Schlange biß, der Albino kam, der Lügner log, der Mann blieb lange aus, die Frau wurde schwanger, und dort in jenem Stall wohnte und arbeitete, schlief und weinte sie, und darin gebar sie ihren Sohn, den Sohn, über den der Tod keine Herrschaft hatte, der heranwuchs und ihren Tod über sie brachte.

Denn der Mensch plante, und Gott lachte, der Fels wurde angehoben und der Zopf gefunden, der Schnee fiel, und der Wipfel des Eukalyptus, dessen große, breite Zweige mit ihrem feuchten Fleisch nicht auf diese Last gefaßt waren, gab nach und stürzte zu Boden.

Gewiß war das der Lauf der Dinge, denn wenn nicht so – wie dann?

»Judith!« schrie Mosche vom Fenster.

Sie hob nicht die Augen, duckte nur ein wenig den Nacken, die Erwartung des Schlages versetzte ihre Wirbelsäule in Schaudern.

»Judith!« Über die weiße Stille des Schnees fuhren der Schrei des Mannes, das Krächzen des Raben und das Krachen des berstenden Holzes wie drei schwarze Peitschenhiebe.

Das ganze Dorf hörte ihn, aber Mutter, deren böses Ohr ihm zugewandt war und deren gutes Ohr sich mit dem pfeifenden Luftzug des fallenden Astes füllte, hörte ihn nicht.

Wie ein gigantischer Knüppel stürzte die Baumkrone auf sie nieder und schlug sie zu Boden, und sofort kehrte die Stille in die Welt zurück, jene zarte, klare Stille, die in ihrem kristallreinen Wesen unverbrüchlich bestehen bleibt.

Von allen Seiten eilten Leute entsetzt herbei, rannten im Bauernlauf, der viel schneller ist, als seine Schwerfälligkeit vermuten ließe, die Herzen schon stockend, bevor sie das blaue Kopftuch, die zerschmetterten Rabeneier, die zerquetschte Rabenmutter und das Kleid meiner Mutter unter der grünen Lawine hervorlugen sahen.

Dorfpapischs riesige Stute wurde vor den abgebrochenen Ast gespannt, der Flaschenzug der Schlosserei herbeigebracht, und Oded kletterte hinauf und befestigte ihn an der Wurzel des dicken unteren Astes.

Dorfpapisch brüllte seine Stute an: »Hü, du Aas, hü!«, als sei sie die Schuldige. Das Kabel spannte sich, der Flaschenzug quietschte, und der Balken schwenkte über Judith aus.

Kein Mensch eilte vor. Alle standen ringsum, die Augen auf den schlanken, elfenbeinernen Nacken gerichtet, dem Jahre, Sehnsucht und Tod nicht den Glanz getrübt hatten, und auf die Strümpfe, die ein wenig über ihre feinen, starken Fesseln herabgerutscht waren.

Kalt war es, der trockene Wind spielte mit dem schwarzgrauen Flaum im Nacken und mit dem Kleiderstoff der toten Frau – glättete und bauschte ihn über ihren Schenkeln, als wollte er sie wiederbeleben.

Lange Minuten schwankte der Balken über dem Leichnam, und keiner wagte sich vom Fleck zu rühren. Auch die Stute stand still, die kräftigen Läufe in den Boden gepflanzt, die Muskeln bebend vor Anstrengung, das duftende Fell dampfend, die Nüstern Säulen von Dunst.

Doch dann trat Alisa Papisch vor, packte Judith an den Handgelenken, zog sie langsam beiseite, und Mosche ging in den Geräteschuppen, holte Wetzstein und Feile, und während die Raben noch rachekreischend über seinem Kopf flatterten, begann er mit den gemessenen Bewegungen eines Henkers die große Axt zu schärfen.

***

Zehn Jahre war ich beim Tod meiner Mutter alt, und besser als alles andere erinnere ich mich an jene nächtliche Fahrt über weißverhüllte Straßen, wir alle eingemummelt in Militärdecken und große warme Armeemäntel, ohne ein Wort zu sagen.

Naomi hielt mich an der Hand, ihr quengeliges Baby schrie

die ganze Nacht in den Armen seines Vaters. So laut und schrill brüllte es, daß Jakob Scheinfeld nach unserem Eintreffen im Dorf herbeikam und zu Naomi sagte, er wolle sowieso nicht an der Beerdigung teilnehmen, sie könne das Kind also gern bei ihm lassen.

»Dann wird dich sein Geschrei nicht stören, bei Judith zu sein«, sagte er.

»Ich kann auch bei ihm bleiben«, erbot Meir sich hastig.

»Du kommst mit mir«, sagte Naomi und übergab Scheinfeld dankend das Kind.

Das Baby schrie aus vollem Halse, während Jakob es zu beruhigen suchte.

Zuerst pfiff er dem Kleinen Kanarienrufe vor, dann faltete er ihm Schiffchen aus gelben Zetteln, die erneut in seinen Taschen nisteten, und zum Schluß wickelte er ihn in eine Decke, die er einst für mich bestickt hatte, nahm ihn auf den Arm und machte einen Spaziergang übers verschneite Feld.

Dort, an dem Ort, an dem später die Bushaltestelle des Dorfes errichtet werden würde, ging er mit ihm auf und ab, wiegte ihn und gab ihm einen Keks zum Lutschen. Und als das kleine Scheusal endlich verstummte, hob Jakob den Kopf und sah die Leute grüppchenweise plaudernd und trauernd vom Friedhof zurückkehren, gefolgt von dem Wagen, der Reifenspuren in den Schnee zog und ihn mit den Hufen der Stute pünktelte.

»Kommt herein, Genossen, kommt herein«, sagte Jakob.

Er breitete seine Jacke über den Schnee, legte das Baby darauf, fiel auf die Knie und weinte seine Tränen. Plötzlich brach gelb die Sonne durch ein Wolkenloch und ließ das Feld erstrahlen, und als der leere Wagen vom Friedhof näher kam, erschien ihm Judith, als treibe sie langsam auf einem breiten goldgrünen Fluß ohne Klippen.

»Winterfreuden«
LUST AM SCHNEE

FRIEDRICH GOTTLIEB KLOPSTOCK
Winterfreuden

Also muß ich auf immer, Kristall der Ströme, dich meiden?
    Darf nie wieder am Fuß schwingen die Flügel des Stahles?
Wasserkothurn, du warest der Heilenden einer; ich hätte,
    Unbeseelet von dir, weniger Sonnen gesehn!
Manche Rose hat mich erquickt; sie verwelkten!
                            und du liegst,
    Auch des Schimmers beraubt, liegest verrostet nun da!
Welche Tage gabest du mir! wie begannen sie, wenn sich
    In der Frühe Glanz färbte noch bleibender Reif;
Welche Nächte, wenn nun der Mond mit der Heitre
                              des Himmels,
    Um der Schönheit Preis, siegend stritt, und besiegt.
Dann war leichter der Schwung, und die Stellung
                           unkünstlicher, froher
    Dann der Rufenden Laut, blinkete heller der Wein,
Und wie war der Schlaf der endlich Ermüdeten eisern,
    Wie unerwecklich! Wer schlief jemals am Baume wie wir?
Aber es kam mit gebotnem Gepolter der Knecht;
                            und wir sahen
    Wieder den farbigen Reif, wieder den Schimmer
                                  der Nacht.
Der du so oft mit der labenden Glut der gefühlten
                                  Gesundheit
    Mich durchströmetest, Quell längeres Lebens mir warst,
Wenn ich vorüberglitt an hellbeblüteten Ulmen;
    (Schnee war die Blume;) der Bahn warnende Stimme
                                    vernahm,
Mit nachhorchendem Ohr; auch wohl hinschwebt' an der
                                      Ostsee,
    Zwischen der Sonne, die sank, und dem Monde, der stieg;
Oder wenn, den die Flocken zu tausenden in sich verhüllten,

Und den schwindelte, Sturm auf das Gestade mich warf:
Ach einst wurdest du mir, Kothurn, zum tragischen! führtest
Mich auf jüngeres Eis, welches dem Eilenden brach.
Bleich stand da der Gefährt; mein Schutzgeist gab mir
                              Entschluß ein;
Jener bebte nicht mehr: und die Errettung gelang.
Als sie noch schwankend schien, da rührte mich innig
                              des Himmels
Lichtere Bläue, vielleicht bald nun die letzte für mich!
Dank dir noch Einmal, Beindorf, daß du mich rettetest!
                              Dir kam
Lang schon die letzte; mir macht sie die Erde noch schön.

WILLIAM CARLOS WILLIAMS
Winter

Jetzt liegt der Schnee
auf der Erde
und mehr Schnee
fällt darüber hin –
Mit Flecken
von rotem Dreck
wehren die alten
Schneeflecken sich

Das ist der Winter –
Rosetten aus
Blättern ledergrün
am alten Zaun
und nackte Bäume
zeichnen den Himmel –

Das ist der Winter
der Winter, der Winter
Blätter ledergrün
Lanzetten
im fallenden Schnee

ALFRED DE VIGNY
Der Schnee

Wie süß doch ists, wie süß, Geschichten anzuhören,
   Geschichten aus verschollner Zeit,
  Wenn schwarz im Walde stehn die Föhren
Und Fels und Flur umher der Winter eingeschneit,
Wenn in das blasse Grau des Himmels kahl und jähe
Die Pappel ragt, vom Schnee den Mantel umgetan,
Und reglos auf dem Ast sich schaukeln läßt die Krähe,
Wie auf dem Glockenturm der schwanke Wetterhahn!

BRÜDER GRIMM
Frau Holle

Eine Witwe hatte zwei Töchter; davon war die eine schön und fleißig, die andere häßlich und faul. Sie hatte aber die häßliche und faule, weil sie ihre rechte Tochter war, viel lieber, und die andere mußte alle Arbeit tun und der Aschenputtel im Hause sein. Das arme Mädchen mußte sich täglich auf die große Straße bei einem Brunnen setzen, und mußte so viel spinnen, daß ihm das Blut aus den Fingern sprang. Nun trug es sich zu, daß die Spule einmal ganz blutig war, da bückte es sich damit in den Brunnen und wollte sie abwaschen: sie sprang ihm aber aus der Hand und fiel hinab. Es weinte, lief zur Stiefmutter und erzählte ihr das Unglück. Sie schalt es aber so heftig und war so unbarmherzig, daß sie sprach ›hast du die Spule hinunterfallen lassen, so hol sie auch wieder herauf‹. Da ging das Mädchen zu dem Brunnen zurück und wußte nicht, was es anfangen sollte: und in seiner Herzensangst sprang es in den Brunnen hinein, um die Spule zu holen. Es verlor die Besinnung, und als es erwachte und wieder zu sich selber kam, war es auf einer schönen Wiese, wo die Sonne schien und viel tausend Blumen standen. Auf dieser Wiese ging es fort und kam zu einem Backofen, der war voller Brot; das Brot aber rief ›ach, zieh mich raus, zieh mich raus, sonst verbrenn ich: ich bin schon längst ausgebakken.‹ Da trat es herzu, und holte mit dem Brotschieber alles nacheinander heraus. Danach ging es weiter und kam zu einem Baum, der hing voll Äpfel und rief ihm zu ›ach schüttel mich, schüttel mich, wir Äpfel sind alle miteinander reif‹. Da schüttelte es den Baum, daß die Äpfel fielen, als regneten sie, und schüttelte, bis keiner mehr oben war; und als es alle in einen Haufen zusammengelegt hatte, ging es wieder weiter. Endlich kam es zu einem kleinen Haus, daraus guckte eine alte Frau, weil sie aber so große Zähne hatte, ward ihm angst, und es wollte fortlaufen. Die alte Frau aber rief ihm nach ›was fürchtest du dich, liebes Kind? bleib bei mir, wenn du alle Arbeit im Hause ordentlich tun willst, so soll dirs gut gehn. Du mußt nur acht geben, daß du mein Bett gut machst und es fleißig aufschüttelst, daß die Federn fliegen, dann schneit es in der Welt*; ich bin die Frau Holle.‹ Weil die Alte ihm so gut zusprach, so faßte sich das Mädchen ein Herz, willigte ein und begab sich in ihren Dienst. Es besorgte auch alles nach ihrer Zufriedenheit, und schüttelte ihr das Bett immer gewaltig auf, daß die Federn wie Schneeflocken umherflogen; dafür hatte es auch ein gut Leben bei ihr, kein böses Wort, und alle Tage Gesottenes und Gebratenes. Nun war es eine Zeitlang bei der Frau Holle, da

---

* Darum sagt man in Hessen, wenn es schneit, die Frau Holle macht ihr Bett.

ward es traurig und wußte anfangs selbst nicht, was ihm fehlte, endlich merkte es, daß es Heimweh war; ob es ihm hier gleich viel tausendmal besser ging als zu Hause, so hatte es doch ein Verlangen dahin. Endlich sagte es zu ihr ›ich habe den Jammer nach Haus kriegt, und wenn es mir auch noch so gut hier unten geht, so kann ich doch nicht länger bleiben, ich muß wieder hinauf zu den Meinigen‹. Die Frau Holle sagte ›es gefällt mir, daß du wieder nach Hause verlangst, und weil du mir so treu gedient hast, so will ich dich selbst wieder hinaufbringen‹. Sie nahm es darauf bei der Hand und führte es vor ein großes Tor. Das Tor ward aufgetan, und wie das Mädchen gerade darunter stand, fiel ein gewaltiger Goldregen, und alles Gold blieb an ihm hängen, so daß es über und über davon bedeckt war. ›Das sollst du haben, weil du so fleißig gewesen bist,‹ sprach die Frau Holle und gab ihm auch die Spule wieder, die ihm in den Brunnen gefallen war. Darauf ward das Tor verschlossen, und das Mädchen befand sich oben auf der Welt, nicht weit von seiner Mutter Haus: und als es in den Hof kam, saß der Hahn auf dem Brunnen und rief:

›kikeriki,

unsere goldene Jungfrau ist wieder hie.‹

Da ging es hinein zu seiner Mutter, und weil es so mit Gold bedeckt ankam, ward es von ihr und der Schwester gut aufgenommen.

Das Mädchen erzählte alles, was ihm begegnet war, und als die Mutter hörte, wie es zu dem großen Reichtum gekommen war, wollte sie der andern häßlichen und faulen Tochter gerne dasselbe Glück verschaffen. Sie mußte sich an den Brunnen setzen und spinnen; und damit ihre Spule blutig ward, stach sie sich in die Finger und stieß sich die Hand in die Dornhecke. Dann warf sie die Spule in den Brunnen und sprang selber hinein. Sie kam, wie die andere, auf die schöne Wiese und ging auf demselben Pfade weiter. Als sie zu dem Backofen gelangte, schrie das Brot wieder ›ach zieh mich raus, zieh mich raus, sonst verbrenn ich, ich bin schon längst ausgebacken‹. Die Faule aber antwortete ›da hätt ich Lust, mich schmutzig zu machen‹, und ging fort. Bald kam sie zu dem Apfelbaum, der rief ›ach schüttel mich, schüttel mich, wir Äpfel sind alle miteinander reif‹. Sie antwortete aber ›du kommst mir recht, es könnte mir einer auf den Kopf fallen‹, und ging damit weiter. Als sie vor der Frau Holle Haus kam, fürchtete sie sich nicht, weil sie von ihren großen Zähnen schon gehört hatte, und verdingte sich gleich zu ihr. Am ersten Tag tat sie sich Gewalt an, war fleißig und folgte der Frau Holle, wenn sie ihr etwas sagte, denn sie dachte an das viele Gold, das sie ihr schenken würde; am zweiten Tag aber fing sie schon an zu faulenzen, am dritten noch mehr, da wollte sie morgens gar nicht aufstehen. Sie machte auch der Frau Holle das Bett nicht, wie sichs gebührte, und schüttelte es nicht, daß die Federn aufflogen. Das ward die Frau Holle bald müde und sagte ihr den Dienst auf. Die Faule war das wohl zufrieden und meinte, nun würde der Goldregen kommen; die Frau Holle führte sie auch zu dem Tor, als sie aber darunter stand, ward statt des Goldes ein großer Kessel voll Pech ausgeschüttet. ›Das ist zur Belohnung deiner Dienste‹, sagte die Frau Holle und schloß das Tor zu. Da kam die Faule heim, aber sie war ganz mit Pech bedeckt, und der Hahn auf dem Brunnen, als er sie sah, rief:

›kikeriki,

unsere schmutzige Jungfrau ist wieder hie.‹

Das Pech aber blieb fest an ihr hängen und wollte, solange sie lebte, nicht abgehen.

ERNST MEISTER
Winterlich

Schnee fällt.
Die vielen Wimpern
währender Augen oben,
die weißen Wimpern,
die sich lösen, fallen.

Das Jung- und Alte,
schlafend Wache,
Reine, – ach,
das unerbittlich
Winterliche,
den Leib betauend ...

Der Kinder Münder
fangen Flocken sich.

ERICH KÄSTNER
Meyer IX. im Schnee

Der Schnee hängt wie kandiertes Obst im Wald.
Es war ganz gut, daß ich gleich gestern fuhr.
Den Bäumen sind vielleicht die Füße kalt ...
Doch was weiß unsereins von der Natur.

Der Schnee, das könnte klarer Zucker sein.
Als Kind hat man oft Ähnliches geglaubt.
Wieso fällt mir das heute wieder ein
und weshalb überhaupt?

Vorher sind Wolken da. Und nachher schneit's.
Wie aber kommt der Schnee denn erst hinauf?
Die Welt ist, wie gesagt, von großem Reiz.
Man paßt nur gar nicht auf.

Die kleinen Flocken tanzen ein Ballett,
und viele große Berge sehen zu.
Das schneit und schneit! Die Erde liegt zu Bett.
Und kaltes Wasser hab ich auch im Schuh.

JOACHIM RINGELNATZ
Schnee

Zwischen den Bahngeleisen
Verträmt sich morgenroter Schnee. – –
Artisten müssen reisen
Ins Gebirge und an die See,
Nach Leipzig – und immer wieder fort, fort.
Nicht aus Vergnügen und nicht zum Sport.
Manchmal tut's weh.

Der ich zu Hause bei meiner Frau
So gern noch wochenlang bliebe;
Mir schreibt eine schöne Dame:
»Komm zu uns nach Oberammergau.
Bei uns ist Christus und Liebe,
Und unser Schnee leuchtet himmelblau.« –
Aber Plakate und Zeitungsreklame
Befehlen mich leider nicht dort –,
Sondern anderwohin. Fort, fort.

Der Schnee ist schwarz und traurig
In der Stadt.

Wer da keine Unterkunft hat,
Den bedaure ich.

Der Schnee ist weiß, wo nicht Menschen sind.
Der Schnee ist weiß für jedes Kind.
Und im Frühling, wenn die Schneeglöckchen blühn,
Wird der Schnee wieder grün.

Beschnuppert im grauen Schnee ein Wauwau
Das Gelbe,
Reißt eine strenge Leine ihn fort. –
Mit mir in Oberhimmelblau
Wär's ungefähr dasselbe.

PAUL COLINET
Die Seitensprünge des Schnees

Der Schnee ist rot. Schnee, das bedeutet
 Sommer, ein kruppenförmiges Spinnrad.
Der Schnee ist so fröhlich wie Glasscherben,
 ein Finger an den Lippen, hinter dem Ohr
 die nackten Füßchen.

Der Schnee ist grün. Er ist verrückt wie ein
 Rhombus und brav wie die Zacke seiner
 Äuglein.
Er spielt und verspielt, geschwungen und
 nachdenklich, jäh und matt.

Der Schnee läuft splitternackt herum
 mit seinen von Schwalben gekitzelten
 Knien.

Der Schnee lacht, reist und stirbt auf dem
    Wind, der wie ein Segel gespannt ist.

Der Schnee ist weiß.
Der Schnee kennt weder Zeit mehr noch Land.
Er hat den Arm über die Augen gelegt.
    Er liebt.

RICHARD BRAUTIGAN
Der kleinste Schneesturm, der je registriert wurde

Der kleinste Schneesturm, der je registriert wurde, hat vor einer Stunde hier in meinem Hinterhof stattgefunden. Er bestand aus etwa zwei Flocken. Ich wartete darauf, daß noch mehr Schneeflocken fielen, aber das wars schon gewesen. Der ganze Sturm bestand bloß aus zwei Flocken.

Die Art, wie sie vom Himmel fielen, erinnerte an die Art, auf die Laurel und Hardy immer auf den Hintern knallten, und wenn ichs mir recht überlege, hatten sie Ähnlichkeit mit den beiden. Es war, als wären Laurel und Hardy in Schneeflocken verwandelt worden und träten jetzt im kleinsten Schneesturm der Welt auf.

Es kam mir so vor, als ließen sich die beiden Flocken sehr lange damit Zeit, mit tortenverschmierten Gesichtern vom Himmel zu fallen – es war ein quälend lustiger Versuch, Würde zu bewahren in einer Welt, die sie dieser Würde berauben wollte, in einer Welt, die größere Schneestürme gewöhnt war, Stürme, die Schneedecken von einem halben Meter und mehr hinterließen – und die sich leicht über einen Zweiflockensturm mokieren konnte.

Als sie eine ulkige Landung auf dem Schnee bauten, der von einem Dutzend Stürmen übriggeblieben war, die wir diesen Winter schon gehabt haben, entstand eine Pause, in der ich zum Himmel hinaufschaute und darauf wartete, daß noch mehr Schneeflocken herunterkämen, und dann begriff ich, daß die beiden Flocken wie Laurel und Hardy schon ein ganzer Sturm für sich waren.

Ich ging nach draußen und suchte sie. Mir imponierte der Mut, mit dem sie in dieser Welt ganz sie selber waren. Als ich mich nach ihnen umschaute, überlegte ich mir, wie ich sie in die Tiefkühltruhe schaffen könnte, in der sie sich wohl fühlen konnten und in der ihnen die Aufmerksamkeit, die Bewunderung und die Anerkennung zuteil wurde, die sie sich so großartig verdient hatten.

Haben Sie schon einmal versucht, in einer Landschaft, die seit Monaten mit Schnee bedeckt ist, zwei Schneeflocken zu finden?

Ich ging zu der Stelle, an der sie ungefähr gelandet sein mußten. Ich suchte zwei Schneeflocken in einer Welt, in der es Milliarden von ihnen gab. Und es konnte ja auch passieren, daß ich sie zertrat, was keine sehr angenehme Vorstellung war.

Es dauerte nicht lange, bis ich aufgab, weil ich begriff, wie hoffnungslos mein Vorhaben war. Der kleinste Schneesturm der Welt war für immer verloren. Man konnte ihn nicht mehr von seiner Umgebung unterscheiden.

Ich stelle mir gerne vor, daß der außergewöhnliche Mut dieses Zweiflockenschneesturms irgendwie in einer Welt existiert, in der solche Dinge nicht immer gewürdigt werden. Ich ging wieder ins Haus zurück und ließ Laurel und Hardy draußen im Schnee, in dem sie untergegangen waren.

MARK TWAIN
Die romantische Geschichte der Eskimomaid

»Ja, ich will Ihnen aus meinem Leben alles erzählen, was Sie gerne wissen möchten, Mr. Twain«, sagte sie mit ihrer sanften Stimme, und dabei schaute sie mir mit ihren treuherzigen Augen mild ins Angesicht, »denn es ist lieb und gut von Ihnen, daß Sie mich gern haben und Ihnen daran liegt, meine Geschichte zu erfahren.«

In Gedanken versunken hatte sie mit einem winzigen beinernen Messerchen Walfischfett von ihren Wangen geschabt und es auf ihren Pelzärmel übertragen, ganz vertieft in den Anblick des Nordlichtes, das seine flammenden Strahlen aus dem Himmel schoß und die einsame Schnee-Ebene und die Tempel der Eisberge in den reinen Farben des Regenbogens erstrahlen ließ, wahrlich, ein Schauspiel von beinahe unerträglicher Größe und Schönheit. Doch nun schüttelte sie die träumerische Stimmung von sich ab und schickte sich an, mir die anspruchslose kleine Geschichte zu erzählen, um die ich sie gebeten hatte. Sie machte es sich auf dem Eisblock, den wir als Sofa benutzten, bequem, und ich setzte mich zurecht, um ihr zu lauschen.

Sie war ein schönes Geschöpf. Ich spreche vom Eskimostandpunkt aus. Andere hätten sie für eine Kleinigkeit zu massig halten mögen. Sie war gerade zwanzig Jahre alt geworden, und man hielt sie für das bezauberndste Geschöpf ihres Stammes. Sogar hier in der freien Luft, in ihrem schwerfälligen und formlosen Pelzüberwurf, den Pelzhosen und Pelzstiefeln und unter der mächtigen Kapuze, war ihre Schönheit, wenigstens die ihres Gesichtes, augenfällig. Die Anmut ihrer Gestalt mußte man auf Treu und Glauben annehmen. Unter allen Gästen, die da kamen und gingen, hatte ich an ihres Vaters gastlichem Tisch kein Mädchen gesehen, das ihr ebenbürtig gewesen wäre. Und dabei war sie noch unverdorben. Sie war süß und natürlich und aufrichtig, und selbst wenn sie gewußt hätte, daß sie eine Schönheit war, so ließ in ihrem Benehmen nichts darauf schließen, daß sie davon Kenntnis besaß.

Seit einer Woche nun war sie meine tägliche Gefährtin, und je besser ich sie kennenlernte, desto mehr wuchs sie mir ans Herz. Sie war liebevoll und sorgfältig aufgezogen worden, in einer für Polarregionen außerordentlich verfeinerten Atmosphäre, denn ihr Vater war der einflußreichste Mann seines Stammes und er besaß ein Höchstmaß an Eskimokultur. Ich machte mit Lasca – so hieß sie – im Hundeschlitten lange Lustfahrten über die mächtigen Eisfelder und fand ihre Gesellschaft stets liebenswürdig und ihre Unterhaltung angenehm. Ich ging mit ihr fischen, aber beileibe nicht in ihrem unheilversprechenden Boot, sondern ich folgte ihr lediglich dem Eise entlang und sah zu, wie sie das Wild mit ihrem unfehlbar tödlichen Speer erlegte. Wir gingen auch miteinander segeln, und mehrere Male stand ich dabei, während sie und ihre Familie von einem gestrandeten Wal den Speck abschaufelten. Und einmal ging ich ein Stückweit auf die Bärenjagd mit, aber ich kehrte auf halbem Wege wieder um, weil ich im Grunde meiner Seele vor Bären Angst habe.

Nun, sie war also bereit, mit ihrer Geschichte zu beginnen, und so lasse ich folgen, was sie sagte:

»Es hatte unserem Stamm immer im Blute gelegen, wie die andern Stämme über die gefrorene See von Ort zu Ort zu wandern. Doch wurde mein Vater vor zwei Jahren des Treibens müde und baute diesen Herrschaftssitz aus hartgefrorenen Schneeblöcken – schauen Sie ihn an! Er ist fast sieben Fuß hoch und drei- oder viermal so lang wie irgendein anderes Haus. Hier wohnen wir also seither. Er war sehr stolz auf sein Haus, und zwar mit Recht, denn wenn Sie es aufmerksam betrachtet haben, so muß Ihnen aufgefallen sein, um wieviel feiner und vollständiger es ist, als Wohnungen gewöhnlich sind. Wenn Sie es nicht bemerkt haben sollten, müssen Sie unbedingt noch darauf achten, denn Sie werden darin luxuriöse

Ausstattungen finden, die erheblich über das Maß des Gewöhnlichen hinausgehen. Zum Beispiel befindet sich in jenem Teil, den Sie den ›Empfangsraum‹ genannt haben, eine erhöhte Plattform, welche der Bequemlichkeit der Gäste und meiner Familie beim Essen dient; wohl die größte, die Sie je in einem Hause gesehen haben, nicht wahr?«

»Ja, Sie haben vollkommen recht, Lasca, es ist die größte. Wir haben ihr nicht einmal in den ersten Häusern der Vereinigten Staaten etwas Ähnliches an die Seite zu stellen.« Diese Anerkennung machte ihre Augen vor Stolz und Wonne funkeln. Ich bemerkte es wohl und schrieb es mir hinter die Ohren.

»Ich dachte es mir doch, daß die Plattform Sie überrascht hatte«, sagte sie. »Und noch etwas: sie ist viel tiefer mit Fellen belegt, als es der Brauch ist; mit allen Arten von Pelzen – Seehund, Seeotter, Silberfuchs, Bär, Marder, Zobel, und allen möglichen Arten bis zum Überfluß. Dasselbe gilt auch von den Eisblockschlafbänken, die sich den Wänden entlangziehen und welche Sie ›Betten‹ nennen. Sind Plattformen und Bänke bei Ihnen zu Hause besser ausstaffiert?«

»Das sind sie in der Tat nicht, Lasca, sie sind es nicht im entferntesten.« Das gefiel ihr wieder. Sie dachte eben nur an die Zahl, nicht aber an den Wert der Pelze, die aufzustapeln ihr ästhetischer Vater sich die Mühe nahm. Ich hätte ihr ja erzählen können, daß diese Massen reicher Pelze ein Vermögen darstellten, in meiner Heimat wenigstens, aber sie hätte das doch nicht verstanden. Das alles waren keine Dinge, die bei ihrem Volke als Reichtümer zählten. Ich hätte ihr erzählen können, daß die Kleider, die sie trug, ja sogar die Werktagskleider der allergewöhnlichsten Personen um sie her, zwölf- oder fünfzehnhundert Dollar wert seien und daß ich in meiner Heimat niemanden kenne, der auf dem Fischfang Zwölfhundertdollar-Toiletten trüge. Aber das hätte sie dann auch wieder nicht verstanden, und so schwieg ich.

»Und dann die Spüleimer! Wir haben zwei allein im Empfangssalon, und dazu noch zwei andere im Haus. Es dürfte doch ein seltener Fall sein, daß jemand deren zwei im Empfangsraum hat. Haben Sie zu Hause ebenfalls zwei darin?«

Die bloße Vorstellung dieser Spüleimer verschlug mir den Atem. Bevor sie etwas merkte, konnte ich mich aber wieder fassen, und sagte überschwenglich:

»Nun, Lasca, es ist schändlich von mir, meine Heimat bloßzustellen, und Sie müssen es für sich behalten, denn ich spreche im Vertrauen zu Ihnen; doch ich gebe Ihnen mein Ehrenwort, daß nicht einmal der reichste Mann in der Stadt New York zwei Spüleimer in seinem Salon hat.«

Sie schlug in unschuldigem Entzücken ihre pelzbekleideten Hände zusammen und rief: »Oh, aber das kann doch nicht Ihr Ernst sein, das kann einfach Ihr Ernst nicht sein!«

»Doch, es ist mein heiliger Ernst, meine Liebe. Nehmen wir einmal Vanderbilt. Vanderbilt ist einer der reichsten Männer auf der ganzen Welt. Nun, wenn ich auf dem Totenbett läge, so könnte ich Ihnen getrost sagen, daß nicht mal er zwei im Salon hat. Ja, er hat nicht einmal einen – so wahr ich lebe!«

Ihre lieblichen Augen waren vor Erstaunen weit aufgerissen, und sie sagte langsam, mit einer gewissen Ehrfurcht in der Stimme:

»Wie seltsam, wie unglaublich! Man kann sich das gar nicht recht vorstellen. Ist er denn geizig?«

»Nein – es geht nicht darum. Es sind nicht die Kosten, die er scheut, aber – hm – nun, wissen Sie, es würde protzig aussehen. Ja, das ist es, das ist der eigentliche Grund; er ist auf seine Art ein einfacher Mann und schreckt vor pompöser Aufmachung zurück.«

»Nun, diese Demut ist ja recht und gut«, sagte Lasca, »wenn man sie nicht auf die Spitze treibt; aber wie sieht denn dieser Ort um Gotteswillen aus?«

»Na, natürlich ziemlich kahl und unfertig, aber –«

»Das will ich meinen! So etwas habe ich noch nie gehört. Ist es ein schönes Haus – ich meine, abgesehen davon?«

»Recht schön, ja. Man findet es sehr gut.«

Das Mädchen schwieg eine Weile, saß da und knabberte träumerisch an einem Kerzenende und versuchte offensichtlich aus dem Gehörten klug zu werden. Zuletzt schüttelte sie leicht den Kopf und erklärte frisch von der Leber weg:

»Nun, nach meiner Meinung gibt es eine Sorte von Demut, die eine Art Prahlerei in sich birgt, wenn man ihr auf den Grund geht. Wenn ein Mann, der sich in seinem Empfangsraum zwei Spüleimer leisten könnte, darauf verzichtet, so mag es ja sein, daß er wahrhaftig demütig ist; aber hundertmal wahrscheinlicher ist es, daß er gerade dadurch die Augen der Öffentlichkeit auf sich lenken will. Nach meiner Ansicht weiß Ihr Herr Vanderbilt genau, was er damit bezweckt.«

Ich versuchte diesen Urteilsspruch zu mildern, da ich glaubte, daß das Kriterium zweier Spüleimer nicht der richtige Maßstab sei, um ihn an jedermann anzulegen, obwohl er in gewissen Gegenden seine volle Berechtigung haben mochte. Aber das Mädchen hatte seinen eigenen Kopf und ließ sich nicht überzeugen. Plötzlich fragte sie: »Sind die Schlafbänke der reichen Leute bei Ihnen auch so gut wie die unsrigen und aus so hübschen breiten Eisblöcken gemacht?«

»Na, sie sind ziemlich gut, doch, doch, aber aus Eisblöcken sind sie nicht gemacht.«

»Warum denn nicht? Warum in aller Welt sind sie nicht aus Eisblöcken gemacht?«

Ich erklärte ihr die diesbezüglichen Schwierigkeiten und die hohen Kosten des Eises in einem Lande, wo man einem Eismann auf die Finger schauen muß, damit die Eisrechnung nicht schwerer wird als das Eis selbst. Da rief sie:

»Du liebe Zeit! Sie kaufen Ihr Eis?«

»Ganz bestimmt tun wir das, meine Liebe.«

Sie brach in ein unschuldiges Lachen aus und sagte: »Oh, so

etwas Törichtes habe ich meiner Lebtag noch nie gehört! Himmel! Es ist ja so massenhaft vorhanden, daß es gar keinen Wert besitzt. Meilenweit liegt es ja um uns her. Ich würde für das ganze Zeug keine Fischblase geben.«

»Nun, Sie können eben den Wert gar nicht einschätzen, Sie Unschuld vom Lande! Wenn Sie dieses Eis im Hochsommer in New York hätten, könnten Sie damit alle Walfische auf dem Markt kaufen.«

Sie schaute mich zweifelnd an und fragte:

»Sagen Sie die Wahrheit?«

»Unbedingt! Ich schwöre es.«

Das machte sie nachdenklich. Plötzlich sagte sie mit einem kleinen Seufzer: »Ich wollte, ich könnte dort wohnen.«

Ich wollte ihr nur Wertbegriffe angeben, die sie verstehen konnte, aber sie hatte meine Absicht mißverstanden. Ich hatte bei ihr damit lediglich den Eindruck erweckt, daß in New York die Walfische billig am Haufen lägen, und ihr so den Mund wässrig gemacht. Es schien mir am besten, den begangenen Fehler zu bagatellisieren, und so meinte ich denn:

»Aber Sie würden Walfischfleisch ja gar nicht ansehen, wenn Sie in New York wohnten. Das tut dort niemand.«

»Wie?«

»Bestimmt nicht.«

»Warum denn nicht?«

»T-j-aa, das weiß ich selber nicht recht. Es ist ein Vorurteil, denke ich. Ja, das ist es – irgendein Vorurteil. Es wird so sein, daß mal irgendeiner, der nichts Gescheiteres zu tun hatte, irgendwo und irgendwann ein Vorurteil dagegen in Umlauf gesetzt hat, und Sie wissen ja, wenn so eine Marotte einmal festen Fuß gefaßt hat, dann dauert sie ewige Zeiten an.«

»Das ist wahr – bestimmt ist es wahr«, sagte das Mädchen nachdenklich. »Wie hier unser Vorurteil gegen Seife – unsere Stämme hatten nämlich von allem Anfang an ein Vorurteil gegen Seife.«

Ich sah sie an, um herauszufinden, ob sie auch im Ernste sprach. Allem Anschein nach schon. Ich zögerte und fragte dann vorsichtig:

»Sie hatten ein Vorurteil gegen Seife? Hatten?« betonte ich.

»Ja, aber das war nur am Anfang so; niemand wollte sie essen.«

»Ach so, ich begreife. Ich habe Sie vorhin nur nicht gleich richtig verstanden.«

Sie fuhr fort: »Es war einfach ein Vorurteil. Als die Fremden uns zum ersten Male Seife brachten, mochte sie keiner. Sobald sie aber in Mode kam, hatte sie jeder gern, und jetzt besitzt jeder welche, der es sich leisten kann. Sind SIE scharf darauf?«

»Ja, gewiß. Ich würde sterben, wenn ich keine kriegen könnte, besonders hier. Haben Sie sie auch gerne?«

»Ich bete sie geradezu an! Sie mögen sie also auch?«

»Ich betrachte sie als unumgängliche Notwendigkeit. Übrigens auch Kerzen.«

Ihre Augen tanzten förmlich, und sie rief:

»Oh! Fangen Sie nicht davon an! Kerzen, hm! Und Seife!«

»Und Fischeingeweide!«

»Und Lebertran!«

»Und Schmiere!«

»Und Walfischspeck!«

»Und Aasfleisch! Und Sauerkraut! Und erst Bienenwachs, Teer, Terpentin, Sirup und ...«

»Oh, hören Sie doch bitte auf, oh, ich ersticke vor Wonne!«

»Und dann müssen Sie alles zusammen in einem Schmierölkübel servieren und dazu die Nachbarn einladen!«

GÜNTER EICH
Vorwinter

Ruh dich lange aus
von der warmen Milch,
dem frisch gefallenen Schnee.
Die Drucksachen warten nicht länger.

Ein Grasgelände, von Katzengräbern durchsetzt.
Meine Tochter wartet auf den Winter,
sie wächst aus den Schischuhen.
Mir wird das Postfach zu groß.

Morgen nehme ich Klavierunterricht,
es ist nie zu spät.
Der fröhliche Landmann
fährt eine Spur in den Schnee.

MASCHA KALÉKO
Betrifft: Erster Schnee

Eines Morgens leuchtet es ins Zimmer,
Und du merkst: 's ist wieder mal so weit.
Schnee und Barometer sind gefallen.
– Und nun kommt die liebe Halswehzeit.

Kalte Blumen blühn auf Fensterscheiben.
Fröstelnd seufzt der Morgenblatt-Poet:
›Winter läßt sich besser nicht beschreiben,
Als es schon im Lesebuche steht ...‹

Blüten kann man noch mit Schnee vergleichen,
Doch den Schnee... Man wird zu leicht banal.

Denn im Sommer ist man manchmal glücklich,
Doch im Winter nur sentimental.

Und man muß an Grimmsche Märchen denken
Und an einen winterweißen Wald,
Und an eine Bergtour um Silvester.
– Und dabei an sein Tarifgehalt

Und man möchte wieder vierzehn Jahr sein:
Weihnachtsferien ... Mit dem Schlitten raus!
Und man müßte keinen Schnupfen haben,
Sondern irgendwo ein kleines Haus,

Und davor ein paar verschneite Tannen,
Ziemlich viele Stunden vor der Stadt,
Wo es kein Büro, kein Telefon gibt.
Wo man beinah keine Pflichten hat.

... Ein paar Tage lang soll nichts passieren!
Ein paar Stunden, da man nichts erfährt.
Denn was hat wohl einer zu verlieren,
Dem ja doch so gut wie nichts gehört.

YVAN GOLL
Schneemorgen

Der Schnee, der zu Morgen die Stadt befiel, war wie eine
    schauernde Erinnerung der vergangnen Nacht:
Goldene Sternpailletten, bunte Karnevalsbänder, rote
    Liebesblumen: erblaßt war all die Pracht.
Aber die Stadt lag da wie ein geschliffener Diamant; das
    siebenfarbige Licht brach sich von allen Flächen los.
Die Plätze schüttelten die schattengrünen Dominos.

Die Straßen, orangehell unter den triefenden Laternen,
                krümmten sich wie trockene Schalen.
Steinrunzlige Kirchen funkelten im Purpur der
                            Morgenstrahlen.
Blaue Vergißmeinnicht blühten in erwachenden Fenstern auf.
Die Reiterstatue trug Schneesilber auf Pallasch Mantel
                            und Knauf.

Die ersten Menschen, die das sahen, glaubten in ein
                      gläsernes Paradies zu treten.
Schnee schluchzte in die Stadt wie ein stummes Seufzen,
                          ein inneres Beten.
Es stäubte inniges, sinniges Leid
Über die harte Wesenheit.
Wie schmerzliches Lächeln, wie eine geschminkte
                      Pierrotmaske lag der Schnee,
Wie ein trostlos trauriges Weh,
Ein müder Schnee,
Ein gütiger Schnee.
Ein grüblerisches Sinnen und Spinnen:
Gedanken über ein Totenlinnen.

ROSE AUSLÄNDER
Schneeschmelze

Schnee
Mit Augen die zwinkern:
ich hab Juwelen versteckt
lockt er die Schatzgier

Du stehst vor dem Tor
– geschlossenes Weiß –

und schmeichelst
öffne dich Sesam

Ein Spalt
goldener Speer
schlägt eine Bresche
ins Weiß
Lücke um Lücke

Smaragd und Rubin
geschmolzen
in Pfützen der Schmuck

Im schmutzigen Spiegel
kämmt Sonne
ihr Haar

ISSA
Ein Haiku

Der Schnee ist geschmolzen:
das Dorf läuft über
von Kindern.

KIKAKU
Ein Haiku

Wenn ich denke, daß es
mein Schnee ist auf dem Hut,
wird er mir leicht.

»Das eigentliche Weiß«
MEDITATIONEN ÜBER DEN SCHNEE

INGRID WILTMANN
Das eigentliche Weiß

Der Morgen war das unbeschriebene Weiß, die Entstehung der Welt im Laut der Freude. Die Überraschung über einen geglückten Ton.

Das unbeschriebene Weiß ist die leere Seite. Am Morgen die Linien ziehen. Zwischen den Linien tanzt die Bedeutung. Das beschriebene Weiß weglegen. Ein Leben. Am Morgen das weiße Viereck entfalten. Ein blaues Tuch eintauschen für ein weißes Tuch zwei Wochen lang.

Die Schneewüste. Das Weiß in der Dunkelheit. Der Atem ist das einzige Geräusch, ein sichtbarer Begleiter. Das Schwarze wird schwärzer, das Weiß greller. Das Weiße am Morgen ist der Sonne bedürftig, der Stickerei der Bäume und Schatten.

Das Weiß in der Zeit. Geburt. Aus Dunkelheit in die Berührung mit dem lebendigen Weiß.

Das hastige Weiß der Schaumkronen auf dem Wasser. Das flüchtige Weiß der Schneeflocken, wenn sie die Oberfläche berühren. Das geschichtete Weiß der Eisplatten im Januar.

Das Weiß in der Religion.

Die weißen Häuser am Berg, auf die die Sonne scheint.

Zen-Weiß. Das Ich wirft einen Schneeberg in die Landschaft. Hüglige Spuren. Die Oberfläche gleicht einem Jahressieb. Der Berg ist ein Gebot, die Einsamkeit des Steins und die Stille des Schnees an der Spitze. Der Schnee gibt der leeren Bank Form. Das Weiß der weiten Fläche ist eine leere Bewegung, zeitlos.

Die Sicherheit der betonierten Straßen. Das Nachgeben des Neuschnees. Die Unsicherheit der weißen Eisflächen. Die Utopien der Konstrukteure und Architekten.

> Das weiße Gedicht.
> Weiß der Zukunft.
> Lichtgeschwindigkeit.
> Das lebendige Weiß.
> Das Anfangsweiß.

ARMIN T. WEGNER
Raben im Schnee

Raben im Schnee,
schwarze Buchstaben auf dem Papier.
Sie bewegen sich, schlagen mit den Flügeln.
Bald fliegen sie hierhin, bald dorthin.
Wenn sie sich auf einem Draht aneinanderreihen,
    wird ein Satz daraus.

Ihn zu lesen, das ist die Muße des Dichters.
Zuschauen, wohin die Buchstaben von selber fliegen.
Und dafür preist man ihn.
Aber ist das eine Kunst?

Was wir im Traume schauten,
wird niemand wiederfinden.
Aber wer kann diesen Satz lesen?
Rätselvoll stehen auf ihren Steinsäulen
die Buchstaben der alten Ägypter nebeneinander.
Der Schnee schmilzt. Die Raben fliegen davon.

WALLACE STEVENS
Der Mann im Schnee

Man muß winterlich gestimmt sein,
Um den Frost und die Zweige
Der schneeverkrusteten Fichten zu betrachten;

Und lange kalt gewesen sein,
Um den eisgeschuppten Wacholder
Und die Tannen, die grob in der fernen

Januarsonne glitzern, zu betrachten; und nicht
An irgendwelches Elend im Laut des Windes zu denken,
Im Laut von wenigen Blättern –

Es ist der Laut des vom gleichen Wind
Überwehten Landes,
Der an dem gleichen kahlen Ort

Für das Ohr dessen bläst, der in den Schnee lauscht
Und, selber nichts, nichts sieht,
Was nicht da ist, und das Nichts, das ist.

JÜRGEN KROSS
schneegedichte

aus
wirbeln gebrochenen lichts. ist
schnee

ein erblinden dem auge. schon
tot
über stimmen geweht.

dir.
ins gitterwerk der
äste

lautlos weht
es
sterblichem den schnee.

am klang
von
schnee. schon nicht mehr fern.

tritt aus dem holz
er.
spur ins umrißlose.

FELIX BRAUN
November

Schollen Eises, grauweiß, auf dem blanken
Wasser, schwanken Möwen. Ernten
Schnees mahlt schnelles Wehr. Feldfeuerrauch schwelt

    Aus öder Sonne.

Am glattnassen Astwerk unter Welklaub
Tropfen sintern. Nachts im fahlen Wasen
Suchen Geister Samen, sie zu säen
    Über Grüfte.

GUNNAR BJÖRLING
Der Schnee

Der Schnee und wie auf einem Waldweg
weiß
im Raume rauscht
und hier
und vor einer Stunde schon

und tapsend ein kleiner hellbrauner Hund
und wie Sterne blinken Laternenlichter
schnell bauscht sich allein im Raum brausend
der Sturm
der Schnee und wie auf einem Waldweg
weiß.

JIŘÍ WOLKER
Winter

Ich sage euch, daß der Winter kein Greis ist
im Pelz, mit einem hölzernen Packkorb,
hingegen ist er ein halbentblößtes Mädchen,
das im sechsten Stock durchnäßte Schuhe trocknet
über einem erblauten Herzen.

JEWGENIJ JEWTUSCHENKO
Der Schnee fällt und fällt ...

Der Schnee fällt und fällt,
und ich merke an seinem Stramin,
daß meine Jugend wieder kommt,
zu mir hineinzuschauen.

Sie führt mich an der Hand herum
in irgend jemands Schatten und Spuren,
reißt mich in die alte Verschwörung
des Feuers, der Bäume und Schneestürme.

Und es will mir scheinen,
auf vertrauten Straßen gehend,
daß ich noch nicht jung war
und erst jetzt jung werde.

Die Nacht dreht und dreht sich,
zieht mich, wie in Trichter, in Sünde,
und meine Jugend verhüllt sich
vor allen mit mir im Schnee.

Doch plötzlich bunt gefärbt
vom unbefangenen Tageslicht,
als Zigeunerin, des Spiels mit mir satt,
verläßt mich die Jugend.

Ich beginne mein Leben umzuändern,
die Naivität schüchtere ich ein und
lege mich, einem streunenden Hund gleich,
an die große Kette.

Der Schnee fällt und fällt,
dreht alles im Kreis wie eine Spindel.
Und meine Jugend erscheint wieder
als Zigeunerin unter meinem Fenster.

Der Schnee fällt und fällt,
und ich zernage die Kette.
Das Leben – ein Schneeball – rollt gegen
irgend jemands Stiefelchen dort unten hin.

ROBERT FROST
Innehaltend inmitten der Wälder
an einem Schnee-Abend

Wes diese Wälder sind, das weiß ich recht genau.
Allein im Dorf erst, drüben, steht sein Haus.
Der Schnee füllt ihm den Wald – steh ich und schau,
dann sieht er mich nicht, macht er mich nicht aus.

Mein kleiner Gaul, der findets wohl verquer:
kein Haus, kein Hof – und dahier hält sein Herr;
ein Teich, gefroren, und nur Wälder um uns her;
der Abend heut – im ganzen Jahr kein finsterer.

Das Zaumzeug schüttelt er – die Schelle spricht:
Ist das ein Mißverständnis – oder nicht?
Ich lausch und horch – ich hör sonst nichts;
doch, dies noch: leichten Wind, die Flocken, erdwärts, dicht.

Anheimelnd, dunkel, tief die Wälder, die ich traf.
Doch noch nicht eingelöst, was ich versprach.
Und Meilen, Meilen noch vorm Schlaf.
Und Meilen Wegs noch bis zum Schlaf.

KURT TUCHOLSKY
Es gibt keinen Neuschnee

Wenn du aufwärts gehst und dich hochaufatmend umsiehst, was du doch für ein Kerl bist, der solche Höhen erklimmen kann, du, ganz allein –: dann entdeckst du immer Spuren im Schnee. Es ist schon einer vor dir dagewesen.

Glaube an Gott. Verzweifle an ihm. Verwirf alle Philosophie. Laß dir vom Arzt einen Magenkrebs ansagen und wisse: es sind nur noch vier Jahre, und dann ist es aus. Glaub an eine Frau. Verzweifle an ihr. Führe ein Leben mit zwei Frauen. Stürze dich in die Welt. Zieh dich von ihr zurück...

Und alle diese Lebensgefühle hat schon einer vor dir gehabt; so hat schon einer geglaubt, gezweifelt, gelacht, geweint und sich nachdenklich in der Nase gebohrt, genau so. Es ist immer schon einer dagewesen.

Das ändert nichts, ich weiß. Du erlebst es ja zum ersten Mal. Für dich ist es Neuschnee, der da liegt. Es ist aber keiner, und diese Entdeckung ist zuerst sehr schmerzlich. In Polen lebte einmal ein armer Jude, der hatte kein Geld, zu studieren, aber die Mathematik brannte ihm im Gehirn. Er las, was er bekommen konnte, die paar spärlichen Bücher, und er studierte und dachte, dachte für sich weiter. Und erfand eines Tages etwas, er entdeckte es, ein ganz neues System, und er fühlte: ich habe etwas gefunden. Und als er seine kleine Stadt verließ und in die Welt hinauskam, da sah er neue Bücher, und das, was er für sich entdeckt hatte, das gab es bereits: es war die Differentialrechnung. Und da starb er. Die Leute sagen: an der Schwindsucht. Aber er ist nicht an der Schwindsucht gestorben.

Am merkwürdigsten ist das in der Einsamkeit. Daß die Leute im Getümmel ihre Standard-Erlebnisse haben, das willst du ja gern glauben. Aber wenn man so allein ist wie du, wenn man so meditiert, so den Tod einkalkuliert, sich so zurückzieht und so versucht, nach vorn zu sehen –: dann, sollte man meinen, wäre man auf Höhen, die noch keines Menschen Fuß je betreten hat. Und immer sind da Spuren, und immer ist einer dagewesen, und immer ist einer noch höher geklettert als du es je gekonnt hast, noch viel höher.

Das darf dich nicht entmutigen. Klettere, steige, steige. Aber es gibt keine Spitze. Und es gibt keinen Neuschnee.

»Der ewige Schnee«

SCHNEE UND STILLSTAND

JENS JOHANNES JÖRGENSEN
Der ewige Schnee

Laß nur die letzten Blätter fallen ab,
und Regen rieseln, daß ich Frieden hab'.

Sie währte lang genug, die Sommerglut,
und daß die letzte Schwalbe flog, ist gut.

Nun wünsche ich nur eins: daß da sei Schnee
und Schnee und Schnee, so weit und breit ich seh.

Und daß der weiße Schnee das überwebt,
was je ich fern von dir, mein Gott, gelebt.

PETER HUCHEL
Schnee

> *Dem Gedächtnis*
> *Hans Henny Jahnns*

Der Schnee treibt,
das große Schleppnetz des Himmels,
es wird die Toten nicht fangen.

Der Schnee wechselt
sein Lager.
Er stäubt von Ast zu Ast.

Die blauen Schatten
der Füchse lauern
im Hinterhalt. Sie wittern
die weiße
Kehle der Einsamkeit.

TOMAS TRANSTRÖMER
Formeln des Winters

I
Ich schlief in meinem Bett ein
und erwachte unter dem Kiel.

Es ist morgens vier Uhr
wenn die sauber geschabten Knochen des Daseins
kalt miteinander umgehn.

Ich schlief unter den Schwalben ein
und erwachte unter den Adlern.

II
Im Laternenschein glänzt das Eis
auf dem Weg wie Talg.

Nicht Afrika
Nicht Europa
Nichts anderes als »hier«.

Und das, was »ich« war,
ist nur ein Wort
im Mund des Dezemberdunkels.

III
Die niedrigen Bauten der Anstalt
sind im Dunkel ausgestellt
wie gleißende Fernsehschirme.

Eine versteckte Stimmgabel hier
in der großen Kälte
sendet ihren Ton aus.

Ich stehe unterm Sternenhimmel
und fühle in meinem Rock
die Welt ein- und auskriechen
wie in einem Ameisenhaufen.

IV

Drei schwarze Eichen aus dem Schnee.
Grob aber fingerfertig.
Aus ihren gewaltigen Flaschen
wird das Grün in den Frühling schäumen.

V

Der Bus kriecht durch den Winterabend.
Leuchtend wie ein Schiff im Nadelwald
durch den die Straße wie ein enger tiefer toter
                                              Kanal geht.

Wenige Passagiere führt er, einige alt, einige sehr jung.
Wenn er jetzt anhielte und die Scheinwerfer löschte
würde die Welt verschwinden.

HANS MAGNUS ENZENSBERGER
Schattenbild

> Ich male den Schnee.
> Ich male beharrlich
> ich male lotrecht
> mit einem großen Pinsel
> auf diese weiße Seite
> den Schnee.

Ich male die Erde.
Ich male den Schatten
der Erde, die Nacht.
Ich schlafe nicht.
Ich male
die ganze Nacht.

Der Schnee fällt
lotrecht, beharrlich
auf das, was ich male.
Ein großer Schatten
fällt
auf mein Schattenbild.

In diesen Schatten
male ich
mit dem großen Pinsel
der Nacht
beharrlich
meinen winzigen Schatten.

REINER KUNZE
*Leere Schneestangen, Norwegen,
Mitte September*

In dieser steinöde werden sie
zu wesen

Als wollten sie den schnee auffangen
ohne arme

Und jede ganz auf sich gestellt
gegen die übermacht des himmels

ÉMILE VERHAEREN
Der Schnee

Der Schnee fällt blaß ohne Unterlaß
Wie ein langes und loses löchriges Linnen
In die Heiden, die leiden und lautlos verrinnen,
Er fällt ohne Liebe, er fällt ohne Haß.

Der Schnee, er fällt und fällt und fällt,
Wie in der Uhr mit Tack und Tick
Ein Augenblick im Augenblick.
Der Schnee, er fällt und fällt und fällt
Millionenfach, milliardenfach
Auf Haus und Hof hin, Dorf und Dach,
Der Schnee, er fällt und fällt und fällt
Im gleichen Takt herab, herab
Auf Kreuz und Kirche, Gruft und Grab.

Die Schürze der bösen Zeit wird jetzt
Am rauhen Himmel gerafft und gerüttelt,
Die Schürze, vom wilden Wind zerfetzt,
Die ihr Unheil über die Erde schüttelt.

Nun frißt der Frost sich ins Gebein
Und das Elend sich in die Hütten hinein
Und in die Seelen das Weh und der Schnee,
Der schwere und weiß durchscheinende Schnee,
Der niederschneit in den erloschenen Herd
Und in Herzen, die längst ihr Feuer verzehrt,
Die frieren und frieren
Und ohne Wunsch zu den Wänden hin stieren.
Dort, wo das Wegkreuz winkt und droht,
Stehn Dörfer einsam wie im Tod.

Am Wege reicht sich Baum für Baum
Die Äste wie mit Salz kristallt
Vom eisgewordnen Stamme hin.
Die Mühlen, die der weiße Schaum
Mit starren Wellen hoch umwallt,
Scheinen wie aufgestellte Stangen
Von ihrem Hügel nach etwas zu langen.
Und die armen Dächer, die unten sind,
Kämpfen schon seit Novemberbeginn
Gegen den unbarmherzigen Wind,
Der sie mit starken Stößen umbellt,
Indes der Schnee ohne Unterlaß
Schwer und schweigend, behutsam und blaß
Über die lange und bange Heide hin fällt.

So wandert der Schnee die Wege weit
Über Stock und Stein und schneit und schneit,
Der Schnee mit seinem Leichentuch,
Der Schnee mit seinem bleichen Fluch,
Der Schnee mit seinem greisenden Haare,
Der Schnee, der weiße und unfruchtbare,
Fällt und fällt
Hin in den unendlichen Winter der Welt.

»*Schneesturm fegt im Herzen*«
SCHNEE UND LIEBE

SERGEJ JESSENIN
Schneesturm

Himmelblaue Bluse. Augen dunkelblau.
Keine Wahrheit sagt ich zu der liebsten Frau.
Und es frug die Liebste: »Stürmt der Schneesturm sehr?
Heiz ich gar den Ofen? Richt das Bett ich her?«

Doch ich sprach zur Liebsten: »Aus der Höhe heut
Werden weiße Blumen viel herabgestreut.
Heiz nur ein den Ofen, richt das Bett nur her,
Schneesturm fegt im Herzen ohne dich schon schwer.«

BORIS PASTERNAK
Wiedersehen

Der Schnee deckt Dächerkappen
Und Weg und Stege zu.
Ich gehe, Luft zu schnappen,
Und vor der Tür stehst du.

Allein und ohne Mütze,
Kein Pelz und kein Cachenez,
Dämpfst du die innre Hitze
Und kaust den nassen Schnee.

Es sinken Bäume, Zäune
In Nebelfernen weg.
In all dem Schnee alleine
Stehst du am Mauereck.

Das Wasser rinnt vom Kopfe
Ins Ärmelaufschlagpaar,

Und wie von Taugetropfe
Durchglitzert ist dein Haar.

Des blonden Schopfs Geleuchte
Hat Kopftuch und Gesicht,
Dein Mäntelchen, das feuchte,
Dich ganz getaucht in Licht.

Der Schnee schmilzt auf den Lidern,
Voll Sehnsucht ist dein Blick.
Unmöglich zu zergliedern
Dein Bild aus einem Stück.

Und wie mit einem glühend
In Schwarz getränkten Erz
Bist du mir schneidend-ziehend
Tief eingebrannt ins Herz.

Und dieser Züge Gnade
Es nun auf ewig hält.
Und darum ist kein Schade,
Daß hart das Herz der Welt;

Drum schwirrt in wirren Tänzen
Die Nacht im Schnee vorbei,
Und kann ich keine Grenze
Mehr ziehen durch uns zwei.

Doch wer sind wir, woher denn,
Wenn all die Jahre ja
Nur Stoff für Schwätzer werden,
Und wir sind nicht mehr da?

ÉMILE VERHAEREN
Nun die Flimmer von Schnee auf unser Dach ...

Nun die Flimmer von Schnee auf unser Dach
Diamanten hinwehen,
Hör ich geschäftig im Nebengemach,
Geliebte, dich gehen.

Den Spiegel nimmst du vom Fensterbrette,
Und in pendelndem Gang
Streift deine baumelnde Schlüsselkette
An den Buchenschrank.

Und jetzt, ich hör es, wie du die Brände
Im Kamine erneust
Und sorgsam um die schweigenden Wände
Das Schweigen der Stühle hinreihst,

Und wie du von der gebrechlichen Vase
Den Staub wegfegst
Und mit streifendem Ring an einem Glase
Ein Klingen erweckst.

Und ich bin beglückt, bin es heut wie noch nie
Von deiner Nähe,
Du, die ich fühle und höre und die
Ich doch nicht sehe.

ALEXANDR S. PUSCHKIN
Winterliche Fahrt

Durch die wolkigen Nebelmassen
Nach und nach der Mondschein bricht.
Eine Landschaft, trüb, verlassen,
Liegt in diesem traurigen Licht.

Winterweg voll Langeweile;
Munter treibt das Dreigespann.
Monotonen Glöckchens Eile,
Schläfernd rührts das Ohr dir an.

Etwas heimatlich Vertrautes
Liegt im langen Kutschersang:
Bald verwegen Überlautes,
Bald wie Herzens Schwermut bang.

Rings kein Licht und keine Seele...
Schnee um Schnee... Entgegen mir
Ziehen die gestreiften Pfähle,
Werst um Werst anzeigend hier.

Langeweile... Nina, morgen
Kehre neu zur Liebsten ich.
Dorten am Kamin geborgen
Schau – und nie schau satt ich mich.

Wenn der Stundenzeiger tickend
Den gemeßnen Kreis vollbracht,
Überflüssige schlafen schickend,
Trennt uns nicht die Mitternacht.

Nina, langweilige Wege ...
Selbst mein Kutscher ist verstummt;
Nur das Glöckchen scheppert träge,
Auch der Mond hat sich vermummt.

LEO N. TOLSTOJ
Anna Karenina

›Nun ist alles zu Ende, Gott sei Dank!‹ war Anna Arkadjewnas erster Gedanke, als sie sich zum letztenmal von ihrem Bruder verabschiedete, der bis zum dritten Glockenzeichen den Durchgang im Eisenbahnwagen versperrt hatte. Sie setzte sich auf ihren Platz neben Annuschka und schaute sich im Halbdunkel des Schlafwagens um. ›Gott sei Dank, morgen sehe ich Serjosha und Alexej Alexandrowitsch wieder, und mein Leben nimmt wieder seinen altgewohnten Gang.‹

In derselben besorgten Stimmung, in der sie den ganzen Tag über gewesen war, richtete sich Anna nun vergnügt und sorgfältig im Eisenbahnwagen ein; mit ihren kleinen geschickten Händen öffnete und schloß sie die rote Reisetasche, nahm ein kleines Kissen heraus, legte es sich auf die Knie, wickelte sich die Beine sorgfältig ein und setzte sich bequem hin. Eine kranke Dame legte sich bereits schlafen. Zwei andere Damen versuchten ein Gespräch mit Anna anzuknüpfen, eine dicke alte Frau hüllte ihre Beine in eine Decke und machte eine Bemerkung über die Heizung. Anna antwortete den Damen ein paar Worte, aber das Gespräch schien ihr wenig interessant, und deshalb bat sie Annuschka, die Reiselaterne hervorzuholen, befestigte sie an der Armlehne ihres Sitzes und holte ein Papiermesser und einen englischen Roman aus ihrer Reisetasche. Anfangs konnte sie nicht lesen. Zuerst störten sie der Lärm und das Hin und Her auf dem Bahnsteig; dann, als der Zug sich in Bewegung gesetzt hatte, mußte sie unwillkürlich auf die

Geräusche hören, die er verursachte; dann wurde ihre Aufmerksamkeit durch den Schnee abgelenkt, der gegen das linke Fenster flog und an den Scheiben kleben blieb, dann durch den Anblick des vorbeigehenden, dick eingemummten Schaffners, der auf einer Seite ganz mit Schnee bedeckt war, und durch das Gespräch der anderen Damen über den schrecklichen Schneesturm draußen. Weiter kam immer das gleiche: dasselbe Rütteln und Stoßen, derselbe Schnee vor dem Fenster, dieselben plötzlichen Übergänge von glühender Hitze zu Kälte und wieder zu Hitze, dieselben Gesichter im Halbdunkel und dieselben Stimmen. Anna begann zu lesen und das Gelesene zu verstehen. Annuschka war eingenickt, mit ihren großen Händen in Handschuhen, von denen einer zerrissen war, hielt sie die rote Reisetasche auf den Knien. Anna Arkadjewna las und verstand, aber es machte ihr kein Vergnügen, zu lesen und das Leben anderer Leute wie in einem Spiegel vor sich zu sehen. Sie wollte selbst nur zu sehr leben. Sie las, wie die Heldin des Romans einen Kranken pflegte, und sie wünschte, selbst mit unhörbaren Schritten durch das Zimmer des Kranken zu gehen; ein Parlamentsmitglied hielt eine Rede, und sie wollte selber diese Rede halten; Lady Mary galoppierte hoch zu Roß hinter der Meute her, neckte ihre Schwägerin und versetzte alle Teilnehmer der Jagd durch ihre Kühnheit in Erstaunen, und sie hätte das gern selber getan. Aber sie konnte nichts tun, und sie zwang sich zum Lesen und drehte das Papiermesser in ihren kleinen Händen.

Der Held des Romans war schon nahe daran, sein englisches Glück, Baronetstitel und Landgut, zu gewinnen, und Anna wünschte, mit ihm auf sein Gut zu fahren, als sie plötzlich die Empfindung hatte, daß er sich schämen müsse und daß sie sich deswegen auch schäme. Aber warum sollte er sich denn schämen? ›Warum schäme ich mich?‹ fragte sie sich gekränkt und erstaunt. Sie legte das Buch weg und lehnte sich zurück, die Hände fest um das Papiermesser gepreßt. Sie hatte keinen

Grund, sich zu schämen. Sie ließ all ihre Moskauer Erlebnisse an sich vorüberziehen. Alle waren schön und angenehm. Sie dachte an den Ball, dachte an Wronskij und sein verliebtes, demütiges Gesicht, dachte an ihr Verhalten ihm gegenüber: Da war nichts, dessen sie sich schämen mußte. Und doch wurde bei dieser Erinnerung das Gefühl der Scham stärker, als ob eine innere Stimme gerade dann, wenn sie an Wronskij dachte, ihr wie in dem bekannten Gesellschaftsspiel zuriefe: ›Warm, sehr warm, heiß!‹ ›Was ist denn dabei?‹ sagte sie energisch zu sich selbst und setzte sich auf ihrem Platz zurecht. ›Was soll denn das? Fürchte ich mich etwa, den Dingen ins Auge zu sehen? Was ist denn geschehen? Können zwischen mir und diesem jungen Offizier andere Beziehungen bestehen als zwischen Bekannten?‹ Sie lächelte verächtlich und griff wieder zu ihrem Buch; aber jetzt verstand sie nicht mehr, was sie las. Sie fuhr mit dem Papiermesser über die Fensterscheibe, legte dann seine glatte, kalte Fläche an die Wange und hätte beinahe laut aufgelacht vor Freude, die sie plötzlich und ohne allen Grund überkam. Sie fühlte, daß ihre Nerven sich wie Saiten immer mehr spannten, als seien sie an Wirbeln befestigt, die immer schärfer angezogen wurden. Sie fühlte, daß ihre Augen sich immer weiter öffneten, daß ihre Finger und Zehen sich nervös bewegten, daß etwas in ihrer Brust ihr den Atem nahm und daß alle Bilder und Laute in diesem schwankenden Halbdunkel ihr ungewöhnlich grell vorkamen. Immer wieder gab es Augenblicke, wo sie zweifelte, ob der Wagen vorwärts oder rückwärts fuhr oder stillstand. Saß Annuschka neben ihr oder eine Fremde? ›Was liegt dort auf der Lehne? Ein Pelz oder ein Tier? Und was bin ich hier? Ich selbst oder eine andere?‹ Sie hatte Angst, sich diesem Traumzustand hinzugeben. Aber irgend etwas zog sie hinein, und sie konnte sich nach Willkür diesem Zustand überlassen oder sich von ihm befreien. Sie stand auf, um zu sich zu kommen, warf das Plaid zurück und knöpfte die Pelerine ihres Mantels ab. Einen Augenblick war sie hellwach und begriff, daß der hereinkommende hagere Arbeiter im langen Nankingmantel, an dem ein Knopf fehlte, der Heizer war, daß er nach dem Thermometer sah, daß Wind und Schnee hinter ihm zur Tür hereindrangen, aber dann ging wieder alles durcheinander... Der Mann mit dem langen Oberkörper fing an, die Wand zu benagen, die alte Frau streckte die Beine durch das ganze Abteil aus und füllte es wie eine schwarze Wolke aus; dann knarrte und krachte es furchtbar, als würde jemand in Stücke gerissen; dann blendete eine rote Flamme ihre Augen, und dann verschwand alles hinter einer Wand. Anna hatte ein Gefühl, als stürze sie in einen Abgrund. Aber all das war nicht schrecklich, sondern lustig. Die Stimme eines vermummten, schneebedeckten Mannes rief etwas dicht an ihrem Ohr. Sie stand auf und kam zu sich; sie begriff, daß der Zug in eine Station einfuhr und daß dieser Mann der Schaffner gewesen war. Sie ließ sich von Annuschka die Pelerine geben, die sie vorhin abgelegt hatte, und ein Tuch, legte beides um und ging zur Tür.

»Wollen Sie aussteigen?« fragte Annuschka.

»Ja, ich möchte ein bißchen frische Luft schöpfen, hier ist es sehr heiß.«

Und sie öffnete die Tür. Schnee und Sturm warfen sich ihr entgegen und kämpften mit ihr um die Tür. Auch das schien ihr lustig. Sie öffnete die Tür und ging hinaus. Der Wind schien nur auf sie gewartet zu haben, er pfiff freudig und wollte sie packen und davontragen, aber sie griff nach der kalten eisernen Stange, stieg, ihr Kleid festhaltend, auf den Bahnsteig hinunter und trat vor den Waggon. Der Wind war auf der Plattform sehr heftig gewesen, aber auf dem Bahnsteig hinter den Waggons war es still. Mit Genuß atmete sie die kalte Schneeluft und betrachtete, neben ihrem Wagen stehend, den Bahnsteig und das erleuchtete Stationsgebäude.

Ein furchtbarer Sturm tobte und pfiff zwischen den Rädern der Waggons, die Telegraphenmasten entlang und um die Ecke des Stationsgebäudes. Wagen, Masten, Menschen, alles, was man sehen konnte, war auf einer Seite mit Schnee bedeckt, und diese Schneehülle wurde immer dichter. Einen Augenblick ließ der Sturm nach, aber dann erhob er sich wieder mit solchem Ungestüm, daß es unmöglich schien, ihm Widerstand zu leisten. Trotzdem liefen einige Leute in munterem Gespräch auf den knarrenden Bohlen des Bahnsteigs hin und her und öffneten und schlossen fortwährend die große Tür des Wartesaals. Der gebückte Schatten eines Mannes glitt an Annas Füßen vorbei, und dann hörte sie einen Hammer auf Eisen schlagen. »Gib die Depesche her!« rief eine zornige Stimme von der anderen Seite aus der sturmdurchwehten Finsternis. »Hierher, hierher! Nummer 28!« riefen noch andere Stimmen, und schneebedeckte, vermummte Gestalten liefen vorbei. Zwei Herren mit brennenden Zigaretten im Mund gingen an ihr vorüber. Sie holte noch einmal tief Atem und hatte schon die Hand aus dem Muff genommen, um den Griff zu fassen und wieder in den Waggon zu steigen, als ein Herr im Militärmantel dicht neben ihr erschien und das flackernde Licht der Laterne verdeckte. Sie wandte sich um und erkannte im selben Augenblick Wronskijs Gesicht. Die Hand an die Mütze legend, verbeugte er sich und fragte, ob sie vielleicht etwas wünsche und ob er ihr behilflich sein könne. Sie sah ihn lange an, ohne zu antworten, und obwohl er im Schatten stand, sah sie den Ausdruck seines Gesichts und seiner Augen oder glaubte ihn zu sehen. Es war derselbe Ausdruck ehrfürchtigen Entzückens, der gestern einen so starken Eindruck auf sie gemacht hatte. Mehr als einmal hatte sie sich in diesen letzten Tagen und jetzt eben noch gesagt, Wronskij sei für sie nur einer von vielen hundert jungen Männern, die alle gleich seien und einem überall begegneten, und sie werde sich nie erlauben, an ihn zu denken; aber jetzt, im ersten Augenblick des Zusammentreffens, überkam sie doch ein Gefühl freudigen Stolzes. Sie brauchte nicht zu fragen, warum er hier sei. Sie wußte das so sicher, wie wenn er ihr gesagt hätte, er sei hier, um dort zu sein, wo sie sei.

»Ich wußte gar nicht, daß Sie mitfahren. Warum fahren Sie denn?« sagte sie und ließ die Hand, die nach dem Griff fassen wollte, wieder sinken. Unbändige Freude und lebhafte Erregung strahlten aus ihrem Gesicht.

»Warum ich fahre?« sagte er und blickte ihr gerade in die Augen. »Sie wissen doch, ich fahre mit, um dort zu sein, wo Sie sind. Ich kann nicht anders.«

In diesem Augenblick fegte der Sturm, als hätte er alle Hindernisse überwunden, den Schnee von den Wagendächern, rüttelte an einem losgerissenen Stück Blech, und vorn begann die Lokomotivpfeife in dumpfem Ton kläglich und unheimlich zu heulen. Dieser schreckliche Schneesturm erschien Anna jetzt noch schöner als vorher. Er hatte das gesagt, was ihr Herz gewünscht und ihr Verstand gefürchtet hatte. Sie antwortete nichts, und er sah den inneren Kampf ihrem Gesicht an.

»Verzeihen Sie mir, wenn Ihnen meine Worte unangenehm sind«, sagte er demütig.

Er sprach höflich und respektvoll, aber so fest und bestimmt, daß sie lange keine Antwort fand.

»Das ist unrecht, was Sie da sagen, und ich bitte Sie, wenn Sie ein guter Mensch sind, vergessen Sie, was Sie gesagt haben, und ich will es auch vergessen«, sagte sie endlich.

»Keines Ihrer Worte, keine Ihrer Bewegungen werde ich je vergessen. Ich kann nichts...«

»Hören Sie auf! Hören Sie auf!« rief sie, vergeblich bemüht, ihrem Gesicht, das er gierig anstarrte, einen strengen Ausdruck zu geben. Mit der Hand den kalten Griff fassend, stieg sie die Stufen hinauf und ging schnell in den Gang des Waggons. Aber hier blieb sie stehen und überdachte das Geschehene. Ohne sich an ihre und an seine Worte zu erinnern, begriff sie instinktiv, daß dieses kurze Gespräch sie einander furchtbar nahegebracht hatte, und sie war darüber erschrocken und glücklich zugleich. Sie stand noch einige Sekunden da, dann ging sie in den Wagen und setzte sich auf ihren Platz. Der gespannte Zustand, der sie anfangs gequält hatte, befiel sie von neuem, wurde noch schlimmer und steigerte sich dermaßen, daß sie fürchtete, es könne jeden Augenblick etwas in ihr zerreißen. Sie schlief die ganze Nacht nicht. Aber in der Spannung und den Träumen, die ihre Phantasie erfüllten, war nichts Unangenehmes und Düsteres; im Gegenteil, es war etwas Freudiges, Glühendes, Erregendes darin. Gegen Morgen schlummerte Anna auf ihrem Sitz ein, und als sie erwachte, war es schon ganz hell, und der Zug näherte sich Petersburg. Sofort fand sie sich wieder mitten in den Gedanken an ihr Haus, ihren Mann, ihren Sohn und in den Sorgen um den bevorstehenden Tag und die folgenden Tage.

Als der Zug in Petersburg hielt und sie ausstieg, war das erste Gesicht, das ihre Aufmerksamkeit auf sich zog, das ihres Mannes. ›Ach, mein Gott! Woher hat er nur diese Ohren?‹ dachte sie beim Anblick seiner frostigen, stattlichen Gestalt und der bis an die Krempe des runden Hutes reichenden Ohrmuscheln, die ihr jetzt besonders auffielen. Als er sie entdeckt hatte, ging er auf sie zu, das gewohnte spöttische Lächeln um die Lippen und die großen müden Augen unverwandt auf sie gerichtet. Ein unangenehmes Gefühl preßte ihr das Herz zusammen, als sie seinem starren, müden Blick begegnete, wie wenn sie erwartet hätte, ihn als einen völlig anderen zu sehen. Besonders überrascht war sie von dem Gefühl der Unzufriedenheit mit sich selbst, das sie bei der Begegnung mit ihm empfand. Es war ein gewohntes, bekanntes Gefühl und hing mit der Unaufrichtigkeit zusammen, die zwischen ihr und ihrem Mann herrschte; früher aber hatte sie dieses Gefühl nicht beachtet, jetzt wurde es ihr klar und schmerzlich bewußt.

»Ja, siehst du, der zärtliche Gatte, zärtlich wie im ersten Jahr der Ehe, verging vor Sehnsucht nach dir«, sagte er mit seiner langsamen, hohen Stimme in dem Ton, den er ihr gegenüber fast immer anschlug, dem Ton eines leisen Spottes über die Leute, die im Ernst so sprachen.

»Ist Serjosha gesund?« fragte sie.

»Ist das die ganze Belohnung für meine Glut?« sagte er. »Ja, ja, er ist gesund ...«

THEODOR FONTANE
Effi Briest

Man sang alle Strophen durch, dann hieß es, die Wagen seien vorgefahren, und gleich darnach erhob sich alles, um die Pferde nicht warten zu lassen. Denn diese Rücksicht »auf die Pferde« ging auch im Kreise Kessin allem anderen vor. Im Hausflur standen zwei hübsche Mägde, Ring hielt auf dergleichen, um den Herrschaften beim Anziehen ihrer Pelze behülflich zu sein. Alles war heiter angeregt, einige mehr als das, und das Einsteigen in die verschiedenen Gefährte schien sich schnell und ohne Störung vollziehen zu sollen, als es mit einemmal hieß, der Gieshüblersche Schlitten sei nicht da. Gieshübler selbst war viel zu artig, um gleich Unruhe zu zeigen oder gar Lärm zu machen; endlich aber, weil doch wer das Wort nehmen mußte, fragte Crampas, »was es denn eigentlich sei«.

»Mirambo kann nicht fahren«, sagte der Hofeknecht; »das linke Pferd hat ihm beim Anspannen vor das Schienbein geschlagen. Er liegt im Stall und schreit.«

Nun wurde natürlich nach Doktor Hannemann gerufen, der denn auch hinausging und nach fünf Minuten mit echter Chirurgenruhe versicherte: »Ja, Mirambo müsse zurückbleiben; es sei vorläufig in der Sache nichts zu machen als stilliegen und kühlen. Übrigens von Bedenklichem keine Rede.« Das war nun einigermaßen ein Trost, aber schaffte doch die Verlegenheit, wie der Gieshüblersche Schlitten zurückzufahren sei, nicht aus der Welt, bis Innstetten erklärte, daß er für Mirambo einzutreten und das Zwiegestirn von Doktor und Apotheker persönlich glücklich heimzusteuern gedenke. Lachend und unter ziemlich angeheiterten Scherzen gegen den verbindlichsten aller Landräte, der sich, um hülfreich zu sein, sogar von seiner jungen Frau trennen wolle, wurde dem Vorschlage zugestimmt, und Innstetten, mit Gieshübler und dem Doktor im Fond, nahm jetzt wieder die Tête. Crampas und Lindequist folgten unmittelbar. Und als gleich danach auch Kruse mit dem landrätlichen Schlitten vorfuhr, trat Sidonie lächelnd an Effi heran und bat diese, da ja nun ein Platz frei sei, mit ihr fahren zu dürfen. »In unserer Kutsche ist es immer so stickig; mein Vater liebt das. Und außerdem, ich möchte so gern mit Ihnen plaudern. Aber nur bis Quappendorf. Wo der Morgnitzer Weg abzweigt, steig' ich aus und muß dann wieder in unsern unbequemen Kasten. Und Papa raucht auch noch.«

Effi war wenig erfreut über diese Begleitung und hätte die Fahrt lieber allein gemacht; aber ihr blieb keine Wahl und so stieg denn das Fräulein ein, und kaum daß beide Damen ihre Plätze genommen hatten, so gab Kruse den Pferden auch schon einen Peitschenknips, und von der oberförsterlichen Rampe her, von der man einen prächtigen Ausblick auf das Meer hatte, ging es, die ziemlich steile Düne hinunter, auf den Strandweg zu, der, eine Meile lang, in beinahe gerader Linie bis an das Kessiner Strandhotel, und von dort aus, rechts einbiegend, durch die Plantage hin, in die Stadt führte. Der Schneefall hatte schon seit ein paar Stunden aufgehört, die Luft war frisch, und auf das weite dunkelnde Meer fiel der matte Schein der Mondsichel. Kruse fuhr hart am Wasser hin, mitunter den Schaum der Brandung durchschneidend, und Effi, die etwas fröstelte, wickelte sich fester in ihren Mantel und schwieg noch immer und mit Absicht. Sie wußte recht gut, daß das mit der »stickigen Kutsche« bloß Vorwand gewesen und daß sich Sidonie nur zu ihr gesetzt hatte, um ihr etwas Unangenehmes zu sagen. Und das kam immer noch früh genug. Zudem war sie wirklich müde, vielleicht von dem Spaziergang im Walde, vielleicht auch von dem oberförsterlichen Punsch, dem sie, auf Zureden der neben ihr sitzenden Frau von Flemming, tapfer zugesprochen hatte. Sie tat denn auch, als ob sie schliefe, schloß die Augen und neigte den Kopf immer mehr nach links.

»Sie sollten sich nicht so sehr nach links beugen, meine gnädigste Frau. Fährt der Schlitten auf einen Stein, so fliegen Sie hinaus. Ihr Schlitten hat ohnehin kein Schutzleder und, wie ich sehe, auch nicht einmal die Haken dazu.«

»Ich kann die Schutzleder nicht leiden; sie haben so was Prosaisches. Und dann, wenn ich hinausflöge, mir wär' es recht, am liebsten gleich in die Brandung. Freilich ein etwas kaltes Bad, aber was tut's... Übrigens hören Sie nichts?«

»Nein.«

»Hören Sie nicht etwas wie Musik?«

»Orgel?«

»Nein, nicht Orgel. Da würd' ich denken, es sei das Meer. Aber es ist etwas anderes, ein unendlich feiner Ton, fast wie menschliche Stimme...«

»Das sind Sinnestäuschungen«, sagte Sidonie, die jetzt den richtigen Einsetzemoment gekommen glaubte. »Sie sind nervenkrank. Sie hören Stimmen. Gebe Gott, daß Sie auch die richtige Stimme hören.«

»Ich höre... nun, gewiß, es ist Torheit, ich weiß, sonst würd' ich mir einbilden, ich hätte die Meerfrauen singen hören... Aber, ich bitte Sie, was ist das? Es blitzt ja bis hoch in den Himmel hinauf. Das muß ein Nordlicht sein.«

»Ja«, sagte Sidonie. »Gnädigste Frau tun ja, als ob es ein Weltwunder wäre. Das ist es nicht. Und wenn es dergleichen wäre, wir haben uns vor Naturkultus zu hüten. Übrigens ein wahres Glück, daß wir außer Gefahr sind, unsern Freund Oberförster, diesen eitelsten aller Sterblichen, über dies Nordlicht sprechen zu hören. Ich wette, daß er sich einbilden würde, das tue ihm der Himmel zu Gefallen, um sein Fest noch festlicher zu machen. Er ist ein Narr. Güldenklee konnte Besseres tun, als ihn feiern. Und dabei spielt er sich auf den Kirchlichen aus und hat auch neulich eine Altardecke geschenkt. Vielleicht, daß Cora daran mitgestickt hat. Diese Unechten sind schuld an allem, denn ihre Weltlichkeit liegt immer obenauf und wird denen mit angerechnet, die's ernst mit dem Heil ihrer Seele meinen.«

»Es ist so schwer, ins Herz zu sehen!«

»Ja. Das ist es. Aber bei manchem ist es auch ganz leicht.« Und dabei sah sie die junge Frau mit beinahe ungezogener Eindringlichkeit an.

Effi schwieg und wandte sich ungeduldig zur Seite.

»Bei manchem, sag' ich, ist es ganz leicht«, wiederholte Sidonie, die ihren Zweck erreicht hatte und deshalb ruhig lächelnd fortfuhr: »und zu diesen leichten Rätseln gehört unser Oberförster. Wer seine Kinder so erzieht, den beklag' ich, aber das *eine* Gute hat es, es liegt bei ihm alles klar da. Und wie bei ihm selbst, so bei den Töchtern. Cora geht nach Amerika und wird Millionärin oder Methodistenpredigerin; in jedem Fall ist sie verloren. Ich habe noch keine Vierzehnjährige gesehen ...«

In diesem Augenblicke hielt der Schlitten, und als sich beide Damen umsahen, um in Erfahrung zu bringen, was es denn eigentlich sei, bemerkten sie, daß rechts von ihnen, in etwa dreißig Schritt Abstand, auch die beiden anderen Schlitten hielten – am weitesten nach rechts der von Innstetten geführte, näher heran der Crampassche.

»Was ist?« fragte Effi.

Kruse wandte sich halb herum und sagte: »Der Schloon, gnäd'ge Frau.«

»Der Schloon? Was ist das? Ich sehe nichts.«

Kruse wiegte den Kopf hin und her, wie wenn er ausdrücken wollte, daß die Frage leichter gestellt als beantwortet sei. Worin er auch recht hatte. Denn was der Schloon sei, das war nicht so mit drei Worten zu sagen. Kruse fand aber in seiner Verlegenheit alsbald Hülfe bei dem gnädigen Fräulein, das hier mit allem Bescheid wußte und natürlich auch mit dem Schloon.

»Ja, meine gnädigste Frau«, sagte Sidonie, »da steht es schlimm. Für mich hat es nicht viel auf sich, ich komme bequem durch; denn wenn erst die Wagen heran sind, die haben hohe Räder, und unsere Pferde sind außerdem daran gewöhnt. Aber mit solchem Schlitten ist es was anderes; die versinken im Schloon, und Sie werden wohl oder übel einen Umweg machen müssen.«

»Versinken! Ich bitte Sie, mein gnädigstes Fräulein, ich sehe noch immer nicht klar. Ist denn der Schloon ein Abgrund oder irgendwas, drin man mit Mann und Maus zugrunde gehen muß? Ich kann mir so was hierzulande gar nicht denken.«

»Und doch ist es so was, nur freilich im kleinen; dieser Schloon ist eigentlich bloß ein kümmerliches Rinnsaal, das hier rechts vom Gothener See her herunterkommt und sich durch die Dünen schleicht. Und im Sommer trocknet es mitunter ganz aus, und Sie fahren dann ruhig drüber hin und wissen es nicht einmal.«

»Und im Winter?«

»Ja, im Winter, da ist es was anderes; nicht immer, aber doch oft. Da wird es dann ein Sog.«

»Mein Gott, was sind das nur alles für Namen und Wörter!«

»... Da wird es ein Sog, und am stärksten immer dann, wenn der Wind nach dem Lande hin steht. Dann drückt der Wind das Meerwasser in das kleine Rinnsal hinein, aber nicht so, daß man es sehen kann. Und das ist das Schlimmste von der Sache, darin steckt die eigentliche Gefahr. Alles geht nämlich unterirdisch vor sich, und der ganze Strandsand ist dann bis tief hinunter mit Wasser durchsetzt und gefüllt. Und wenn man dann über solche Sandstelle weg will, die keine mehr ist, dann sinkt man ein, als ob es ein Sumpf oder ein Moor wäre.«

»Das kenn' ich«, sagte Effi lebhaft. »Das ist wie in unsrem Luch«, und inmitten all ihrer Ängstlichkeit wurde ihr mit einem Male ganz wehmütig freudig zu Sinn.

Während das Gespräch noch so ging und sich fortsetzte, war Crampas aus seinem Schlitten ausgestiegen und auf den am äußersten Flügel haltenden Gieshüblerschen zugeschritten, um hier mit Innstetten zu verabreden, was nun wohl eigentlich zu tun sei. Knut, so vermeldete er, wolle die Durchfahrt riskieren, aber Knut sei dumm und verstehe nichts von der Sache; nur solche, die hier zu Hause seien, müßten die Entscheidung treffen. Innstetten – sehr zu Crampas' Überraschung – war auch fürs »Riskieren«, es müsse durchaus noch mal versucht werden ... er wisse schon, die Geschichte wiederhole sich jedesmal: die Leute hier hätten einen Aberglauben und vorweg eine Furcht, während es doch eigentlich wenig zu bedeuten habe. Nicht Knut, der wisse nicht Bescheid, wohl aber Kruse solle noch einmal einen Anlauf nehmen und Crampas derweilen bei den Damen einsteigen (ein kleiner Rücksitz sei ja noch da), um bei der Hand zu sein, wenn der Schlitten umkippe. Das sei doch schließlich das Schlimmste, was geschehen könne.

Mit dieser Innstettenschen Botschaft erschien jetzt Crampas bei den beiden Damen und nahm, als er lachend seinen Auftrag ausgeführt hatte, ganz nach empfangener Ordre den kleinen Sitzplatz ein, der eigentlich nichts als eine mit Tuch überzogene Leiste war, und rief Kruse zu: »Nun, vorwärts, Kruse.«

Dieser hatte denn auch die Pferde bereits um hundert Schritte zurückgezoppt und hoffte, scharf anfahrend, den Schlitten glücklich durchbringen zu können; im selben Augenblick aber, wo die Pferde den Schloon auch nur berührten, sanken sie bis über die Knöchel in den Sand ein, so daß sie nur mit Mühe nach rückwärts wieder heraus konnten.

»Es geht nicht«, sagte Crampas, und Kruse nickte.

Während sich dies abspielte, waren endlich auch die Kutschen herangekommen, die Grasenabbsche vorauf, und als

Sidonie, nach kurzem Dank gegen Effi, sich verabschiedet und dem seine türkische Pfeife rauchenden Vater gegenüber ihren Rückplatz eingenommen hatte, ging es mit dem Wagen ohne weiteres auf den Schloon zu; die Pferde sanken tief ein, aber die Räder ließen alle Gefahr leicht überwinden, und ehe eine halbe Minute vorüber war, trabten auch schon die Grasenabbs drüben weiter. Die andern Kutschen folgten. Effi sah ihnen nicht ohne Neid nach. Indessen nicht lange, denn auch für die Schlittenfahrer war in der zwischenliegenden Zeit Rat geschafft worden, und zwar einfach dadurch, daß sich Innstetten entschlossen hatte, statt aller weiteren Forcierung das friedlichere Mittel eines Umwegs zu wählen. Also genau das, was Sidonie gleich anfangs in Sicht gestellt hatte. Vom rechten Flügel her klang des Landrats bestimmte Weisung herüber, vorläufig diesseits zu bleiben und ihm durch die Dünen hin bis an eine weiter hinauf gelegene Bohlenbrücke zu folgen. Als beide Kutscher, Knut und Kruse, so verständigt waren, trat der Major, der, um Sidonie zu helfen, gleichzeitig mit dieser ausgestiegen war, wieder an Effi heran und sagte: »Ich kann Sie nicht allein lassen, gnäd'ge Frau.«

Effi war einen Augenblick unschlüssig, rückte dann aber rasch von der einen Seite nach der anderen hinüber und Crampas nahm links neben ihr Platz.

All dies hätte vielleicht mißdeutet werden können, Crampas selbst aber war zu sehr Frauenkenner, um es sich bloß in Eitelkeit zurechtzulegen. Er sah deutlich, daß Effi nur tat, was, nach Lage der Sache, das einzig Richtige war. Es war unmöglich für sie, sich seine Gegenwart zu verbitten. Und so ging es denn im Fluge den beiden anderen Schlitten nach, immer dicht an dem Wasserlaufe hin, an dessen anderem Ufer dunkle Waldmassen aufragten. Effi sah hinüber und nahm an, daß schließlich an dem landeinwärts gelegenen Außenrande des Waldes hin die Weiterfahrt gehen würde, genau also *den* Weg entlang, auf dem man in früher Nachmittagsstunde gekommen war. Innstetten aber hatte sich inzwischen einen andern Plan gemacht, und im selben Augenblicke, wo sein Schlitten die Bohlenbrücke passierte, bog er, statt den Außenweg zu wählen, in einen schmaleren Weg ein, der mitten durch die dichte Waldmasse hindurchführte. Effi schrak zusammen. Bis dahin waren Luft und Licht um sie her gewesen, aber jetzt war es damit vorbei, und die dunklen Kronen wölbten sich über ihr. Ein Zittern überkam sie, und sie schob die Finger fest ineinander, um sich einen Halt zu geben. Gedanken und Bilder jagten sich, und eines dieser Bilder war das Mütterchen in dem Gedichte, das die »Gottesmauer« hieß, und wie das Mütterchen, so betete auch sie jetzt, daß Gott eine Mauer um sie her bauen möge. Zwei, drei Male kam es auch über ihre Lippen, aber mit einemmal fühlte sie, daß es tote Worte waren. Sie fürchtete sich und war doch zugleich wie in einem Zauberbann und wollte auch nicht heraus.

»Effi«, klang es jetzt leis an ihr Ohr, und sie hörte, daß seine Stimme zitterte. Dann nahm er ihre Hand und löste die Finger, die sie noch immer geschlossen hielt, und überdeckte sie mit heißen Küssen. Es war ihr, als wandle sie eine Ohnmacht an.

Als sie die Augen wieder öffnete, war man aus dem Walde heraus, und in geringer Entfernung vor sich hörte sie das Geläut der voraufeilenden Schlitten. Immer vernehmlicher klang es, und als man, dicht vor Utpatels Mühle, von den Dünen her in die Stadt einbog, lagen rechts die kleinen Häuser mit ihren Schneedächern neben ihnen.

Effi blickte sich um, und im nächsten Augenblicke hielt der Schlitten vor dem landrätlichen Hause.

MARIE LUISE KASCHNITZ
Schnee

I

Lange haben wir keinen Schnee mehr gesehen,
Nicht des Winters anämische Landschaft
Nicht die Eiszunge grüne
Wenn sie die Täler hinabschleicht,
Sich einverleibend Farren und Glitzerflügel
Und was da vom Tiefhimmel fällt
Weißes zu weißem und deckt
Meinen Fels meine nackte Schönflur.

II

Zeit zu träumen
Gefangen im Schneebett
Wenn die Dämmerung kommt
Wenn die schwarzen Zäune
Entfliehen feldüber.
Zeit zu tauschen
Schneemann und Schneefrau
Kohlenäugig
Karottenlippig
Im Knistern des Frostes
Uralte Erfahrung.

III

Von der Ungeheuerlichkeit
So lupennah
Jede Pore jedes Haar
Von Schlafhauch bei Schlafhauch
Ertappten Gedanken
Entrissenem Geheimnis
Zwei Leibern verwesend

Aneinandergeschnallt
Zwei Einsamkeiten
Zum Bündel geballt
Von Tag und Nacht
Der Speise Du
Giftiger als Gift
Süßer als Manna.

IV

Gespräche unsere lebenslang alltäglich
Sieh wie es schneit.
Die Sterne fliegen fort.
Sie bauen ein neues Haus dort drüben.
Dein Halsweh? Besser.
Kauf das dunkle Brot.
Geh *Du* ans Telefon.
Blüht schon die Linde?
Das Kind ist blaß
Wir geben zuviel aus.
Hörst Du die Axt?
Sie fällen die Kastanien.
Schon Mitternacht
Und wieder nichts getan.
Sieh wie es schneit.
Und so ein Leben lang
Drehorgel aus dem Eheparadies.
Wie sich das anhört d'outre tombe
Wie süß.

PAUL CELAN
Schneebett

Augen, weltblind, im Sterbegeklüft: Ich komm,
Hartwuchs im Herzen.
Ich komm.

Mondspiegel Steilwand. Hinab.
(Atemgeflecktes Geleucht. Strichweise Blut.
Wölkende Seele, noch einmal gestaltnah.
Zehnfingerschatten – verklammert.)

Augen weltblind,
Augen im Sterbegeklüft,
Augen Augen:

Das Schneebett unter uns beiden, das Schneebett.
Kristall um Kristall,
zeittief gegittert, wir fallen,
wir fallen und liegen und fallen.

Und fallen:
Wir waren. Wir sind.
Wir sind ein Fleisch mit der Nacht.
In den Gängen, den Gängen.

»Es kommt noch mehr Schnee herunter«

SCHNEE UND ZEITGESCHICHTE

NICANOR PARRA
Schnee

Es
  kommt
      noch
          mehr
              Schnee
                  herunter
Als ob der ganze Schnee der auf Rußland fiel
Noch nicht genug wäre
Seit der junge Puschkin
Ermordet auf Befehl des Zaren am Stadtrand
Von Sankt Petersburg
Der Welt Lebwohl sagte mit den Worten:
Es
  kommt
      noch
         mehr
             Schnee
                 herunter
Als ob der ganze Schnee der auf Rußland fiel
Als ob das ganze Blut das in Rußland floß
Noch nicht genug wäre
Seit der junge Puschkin
Ermordet auf Befehl des Zaren
Am Stadtrand von Sankt Petersburg
Der Welt Lebwohl sagte mit den Worten:
Es
  kommt
      noch
         mehr
             Schnee
                 herunter ...

KENNETH REXROTH
Fallende Blätter und früher Schnee

In kommenden Jahren werden sie sagen:
»Sie fielen den Blättern gleich
Im Herbst des Jahres Neunzehnhundert-neununddreißig.«
November ist über den Wald gekommen
Auch über die Alpenwiesen, wo wir die roten Veilchen
                                         pflückten.
Das Jahr verblaßt mit dem weißen Frost
Über dem braunen Gras, auf den dunstigen Matten,
Wo am Morgen schwarz die Fährten der Hirsche lagen.
In schattigen Winkeln steht das Eis;
Zerzauste Kronen des Ahorns hängen über dem Wasser;
Der Sonne tief-goldenes Licht glänzt auf dem kargen Strom.
Schläfrig gleiten Forellen durch Säulen aus Braun und Gold.
Über den Wirbeln kreisen gelbe Blätter des Ahorns,
Silberne Blätter der Pappel,
Blätter der Erlen, olivenfarbig und samten,
Und, ergreifender als alle,
Des Hartriegels blutrote Blätter.

JÜRGEN BECKER
Schnee-Gedicht, 1969

nun, da kommt der englische Schnee, so
wird die Wetterkarte wirklich
                        – sonst wissen wir nichts
Neues aus Frankfurt.
             Schrieb einst George Brecht:
WINTER EVENT   SNOW   So,
nun passiert es, Sonntag Mittag.
                     Sehr,
vorm Bildschirm, sagen wir, gefällt uns heute
Barbara Bright. Wo reden wir von: West-
Berlin, oh Märchen, nix, in Westdeutschland, das
sage ich, spinnt die Regierung
                        – vom Reise-Märchen
reden wir, und draußen, vor dem Studio, ist Schnee und
Stimmung, der Dom. Bis Mittwoch jubeln wir dem Prinzen
                                        zu,
bis März, bis was
             – nun, alte Katholiken fasten dann und
der Große Rheinische Matsch kommt; so
sieht es aus, nach dem großen Schnee und dahin
ist die Chance des großen Vergessens
                              – bis
zum nächsten Ereignis, bis Schnee fällt, im Fernsehen,
auf die Länder
             da unten, nein, da oben
wären wir nun besser dran,
                      Länder
auf der Karte und für Nachrichten nichts

BERTOLT BRECHT
Frühling 1938

Heute, Ostersonntag früh
Ging ein plötzlicher Schneesturm über die Insel.
Zwischen den grünenden Hecken lag Schnee.
                                    Mein junger Sohn
Holte mich zu einem Aprikosenbäumchen
                                    an der Hausmauer
Von einem Vers weg, in dem ich auf diejenigen
                                    mit dem Finger deutete
Die einen Krieg vorbereiteten, der
Den Kontinent, diese Insel, mein Volk, meine Familie
                                    und mich
Vertilgen mag. Schweigend
Legten wir einen Sack
Über den frierenden Baum.

PAAVO HAAVIKKO
Winterpalast

Erstes Gedicht

Silber in das ich Bilder treibe nebeneinandergesetzt
  daß sie reden;

ein zinkiges Dach reißt Vögel und Winde,
nach Norden gehen der Schnee, das Gras und die Vögel,
vereinzelt Industrie,
                eine Antenne, luftiger Schnörkel oder
Ohr in den Wind gespannt,
                            Grüße und alles Gute,
Baum Baum Baum und Baum,
hier der Gesang:

Man kommt nicht dazu das Grüne zu sehn ehe es da ist
und wieder der Frühling, ein Vogel versuchte zu singen
und seine Stimme vermischt, vermischt sich,
                                hilfloses Gras
und ein Haus und im Haus ein Mann, eine Frau,
   ein Kind und eine Alte,
neun Öffnungen in der Seele.

Der Fortsatz am Schornstein ein kreiselnder Hut
   und drei Farben:
      grün, schwarz und grau,
der schmelzende Schnee, der Wald, das Schilf,
   der Fluß und die Boote.
Fichte, Föhre, Birke, Erlengehölz und die Weide
   ein Busch,
eine Nuß wächst hier auf zur Höhe des Baums.

Und wieder der Frühling. Die langen Wochen
   atmet die Frau
da hinein und das schreit:
      geboren bin ich, ein Mädchen bin ich,
und ich gehe allein hinaus an der Hausecke spielen.

Hölzerne Vögel die Schnäbel aufgereckt
und der Frühling,
                das bringt mich auf nichts als

Herbst für Herbst jeden Frühling bröckelt Verputz
   von der Wand
      und der Schnee, das Gras und die Vögel
         ziehen nach Norden,
kommen dort her und ziehn hier vorbei
   und am Himmel bröckeln die Wolken,
man sagt nicht die Sonne ist kahl,

habe ich schon gesagt daß die Bäume und die Zweige
der Bäume,
    und daß die Weide ins Kraut schießt, eine Nuß
    hier wächst?

Der Bahnsteig blühte.
Alles hing dort von Beinen ab beim Marschieren,
    wechselweise vom einen und andren,
und die Säule vom Dachrand vom Dach herab auf
den Boden
    ein dicker Strick:
diese weiße Stadt steile Handschrift der Architekten.
Wie würde ein kleines Gespräch hierzu passen?
    Dies hier:

    Und der Winter kam in den Panzerwagen,
ließ sich da nieder, wohnte da eine Zeit und ging,
    auf und davon sind der Schnee, das Gras
    und die Vögel,
und leere Galoschen ließ der Winter zurück: machte
sich auf nach Norden.

Ist das einer von denen die über die Alpen gingen?

    Nein, das ist nicht Hannibal.

Vielleicht dann ein Elefant?

    Nein nein, das ist ein Auto.

Und Hannibal?

    Nein nein, der ist auf Reisen.

Wer will, darf sich mit beiden Händen am Hut
festhalten:

der Wind nahm die Vögel, das Meer schwillt an,
  die Bäume werfen ihr Laub ab.

Und kurz:

   Der alte Teil hier (1754-1762) das Winterpalais
und alles dazu passend, Decke, Fußboden und
   Wände voll hoher Wesen: Jupiter, Venus
und Frauen von fülligem Jahrgang.
   Man kann das immer noch sehn,
      daß manchem der Kopf
und der Hut herunterfiel an der Beresina,
   die Schlacht bei Borodino war ein Sieg;

ich sage dies her unter meinem Haar.

»Der Schnee wird bleicher«

SCHNEE UND UNHEIL

GEORG HEYM
Der Winter

Der blaue Schnee liegt auf dem ebenen Land,
Das Winter dehnt. Und die Wegweiser zeigen
Einander mit der ausgestreckten Hand
Der Horizonte violettes Schweigen.

Hier treffen sich auf ihrem Weg ins Leere
Vier Straßen an. Die niedren Bäume stehen
Wie Bettler kahl. Das Rot der Vogelbeere
Glänzt wie ihr Auge trübe. Die Chausseen

Verweilen kurz und sprechen aus den Ästen.
Dann ziehn sie weiter in die Einsamkeit
Gen Nord und Süden und nach Ost und Westen,
Wo bleicht der niedere Tag der Winterzeit.

Ein hoher Korb mit rissigem Geflecht
Blieb von der Ernte noch im Ackerfeld.
Weißbärtig, ein Soldat, der nach Gefecht
Und heißem Tag der Toten Wache hält.

Der Schnee wird bleicher, und der Tag vergeht.
Der Sonne Atem dampft am Firmament,
Davon das Eis, das in den Lachen steht
Hinab die Straße rot wie Feuer brennt.

PETER HUCHEL
Winterpsalm

Für Hans Mayer

Da ich ging bei träger Kälte des Himmels
Und ging hinab die Straße zum Fluß,
Sah ich die Mulde im Schnee,
Wo nachts der Wind
Mit flacher Schulter gelegen.
Seine gebrechliche Stimme,
In den erstarrten Ästen oben,
Stieß sich am Trugbild weißer Luft:
»Alles Verscharrte blickt mich an.
Soll ich es heben aus dem Staub
Und zeigen dem Richter? Ich schweige.
Ich will nicht Zeuge sein.«
Sein Flüstern erlosch,
Von keiner Flamme genährt.

Wohin du stürzt, o Seele,
Nicht weiß es die Nacht. Denn da ist nichts
Als vieler Wesen stumme Angst.
Der Zeuge tritt hervor. Es ist das Licht.

Ich stand auf der Brücke,
Allein vor der trägen Kälte des Himmels.
Atmet noch schwach,
Durch die Kehle des Schilfrohrs,
Der vereiste Fluß?

ADELBERT VON CHAMISSO
Der erste Schnee

Der leise schleichend euch umsponnen
Mit argem Trug, eh' ihr's gedacht,
Seht, seht den Unhold! über Nacht
Hat er sich andern Rat ersonnen.
Seht, sehet den Schneemantel wallen!
Das ist des Winters Herrscherkleid;
Die Larve läßt der Grimme fallen; –
Nun wißt ihr doch, woran ihr seid.

Er hat der Furcht euch überhoben,
Lebt auf zur Hoffnung, und seid stark!
Schon zehrt der Lenz an seinem Mark,
Geduld! und mag der Wütrich toben.
Geduld! schon ruft der Lenz die Sonne,
Bald weben sie ein Blumenkleid,
Die Erde träumet neue Wonne, –
Dann aber träum' ich neues Leid!

GEORG BÜCHNER
Lenz

Den ⟨20. Januar⟩ ging Lenz durch's Gebirg. Die Gipfel und hohen Bergflächen im Schnee, die Täler hinunter graues Gestein, grüne Flächen, Felsen und Tannen. Es war naßkalt, das Wasser rieselte die Felsen hinunter und sprang über den Weg. Die Äste der Tannen hingen schwer herab in die feuchte Luft. Am Himmel zogen graue Wolken, aber Alles so dicht, und dann dampfte der Nebel herauf und strich schwer und feucht durch das Gesträuch, so träg, so plump. Er ging gleichgültig weiter, es lag ihm nichts am Weg, bald auf- bald abwärts.

Müdigkeit spürte er keine, nur war es ihm manchmal unangenehm, daß er nicht auf dem Kopf gehn konnte. Anfangs drängte es ihm in der Brust, wenn das Gestein so wegsprang, der graue Wald sich unter ihm schüttelte, und der Nebel die Formen bald verschlang, bald die gewaltigen Glieder halb enthüllte; es drängte in ihm, er suchte nach etwas, wie nach verlornen Träumen, aber er fand nichts. Es war ihm alles so klein, so nahe, so naß, er hätte die Erde hinter den Ofen setzen mögen, er begriff nicht, daß er so viel Zeit brauchte, um einen Abhang hinunter zu klimmen, einen fernen Punkt zu erreichen; er meinte, er müsse Alles mit ein Paar Schritten ausmessen können. Nur manchmal, wenn der Sturm das Gewölk in die Täler warf, und es den Wald herauf dampfte, und die Stimmen an den Felsen wach wurden, bald wie fern verhallende Donner, und dann gewaltig heran brausten, in Tönen, als wollten sie in ihrem wilden Jubel die Erde besingen, und die Wolken wie wilde wiehernde Rosse heransprengten, und der Sonnenschein dazwischen durchging und kam und sein blitzendes Schwert an den Schneeflächen zog, so daß ein helles, blendendes Licht über die Gipfel in die Täler schnitt; oder wenn der Sturm das Gewölk abwärts trieb und einen lichtblauen See hineinriß, und dann der Wind verhallte und tief unten aus den Schluchten, aus den Wipfeln der Tannen wie ein Wiegenlied und Glockengeläute heraufsummte, und am tiefen Blau ein leises Rot hinaufklomm, und kleine Wölkchen auf silbernen Flügeln durchzogen und alle Berggipfel scharf und fest, weit über das Land hin glänzten und blitzten, riß es ihm in der Brust, er stand, keuchend, den Leib vorwärts gebogen, Augen und Mund weit offen, er meinte, er müsse den Sturm in sich ziehen, Alles in sich fassen, er dehnte sich aus und lag über der Erde, er wühlte sich in das All hinein, es war eine Lust, die ihm wehe tat; oder er stand still und legte das Haupt in's Moos und schloß die Augen halb, und dann zog es weit von ihm, die Erde wich unter ihm, sie wurde klein wie ein wandelnder Stern und tauchte sich in einen brausenden Strom, der seine klare Flut unter ihm zog. Aber es waren nur Augenblicke, und dann erhob er sich nüchtern, fest, ruhig als wäre ein Schattenspiel vor ihm vorübergezogen, er wußte von nichts mehr. Gegen Abend kam er auf die Höhe des Gebirgs, auf das Schneefeld, von wo man wieder hinabstieg in die Ebene nach Westen, er setzte sich oben nieder. Es war gegen Abend ruhiger geworden; das Gewölk lag fest und unbeweglich am Himmel, so weit der Blick reichte, nichts als Gipfel, von denen sich breite Flächen hinabzogen, und alles so still, grau, dämmernd; es wurde ihm entsetzlich einsam, er war allein, ganz allein, er wollte mit sich sprechen, aber er konnte nicht, er wagte kaum zu atmen, das Biegen seines Fußes tönte wie Donner unter ihm, er mußte sich niedersetzen; es faßte ihn eine namenlose Angst in diesem Nichts, er war im Leeren, er riß sich auf und flog den Abhang hinunter. Es war finster geworden, Himmel und Erde verschmolzen in Eins. Es war als ginge ihm was nach, und als müsse ihn was Entsetzliches erreichen, etwas das Menschen nicht ertragen können, als jage der Wahnsinn auf Rossen hinter ihm. Endlich hörte er Stimmen, er sah Lichter, es wurde ihm leichter, man sagte ihm, er hätte noch eine halbe Stunde nach Waldbach. Er ging durch das Dorf, die Lichter schienen durch die Fenster, er sah hinein im Vorbeigehen, Kinder am Tische, alte Weiber, Mädchen, Alles ruhige, stille Gesichter, es war ihm als müsse das Licht von ihnen ausstrahlen, es ward ihm leicht, er war bald in Waldbach im Pfarrhause. Man saß am Tische, er hinein; die blonden Locken hingen ihm um das bleiche Gesicht, es zuckte ihm in den Augen und um den Mund, seine Kleider waren zerrissen. Oberlin hieß ihn willkommen, er hielt ihn für einen Handwerker. »Sein Sie mir willkommen, obschon Sie mir unbekannt.« – »Ich bin ein Freund von ⟨Kaufmann⟩ und bringe Ihnen Grüße von ihm.« – »Der Name, wenn's beliebt?« – »L e n z.« – »Ha, ha, ha, ist Er nicht gedruckt? Habe ich nicht einige Dramen gelesen, die einem Herrn dieses Namens zugeschrieben werden?« – »Ja, aber belieben Sie mich nicht darnach zu beurteilen.« Man sprach weiter, er suchte nach Worten und erzählte rasch, aber auf der Folter; nach und nach wurde er ruhig, das heimliche Zimmer und die stillen Gesichter, die aus dem Schatten hervortraten, das helle Kindergesicht, auf dem alles Licht zu ruhen schien und das neugierig, vertraulich aufschaute, bis zur Mutter, die hinten im Schatten engelgleich stille saß. Er fing an zu erzählen, von seiner Heimat; er zeichnete allerhand Trachten, man drängte sich teilnehmend um ihn, er war gleich zu Haus, sein blasses Kindergesicht, das jetzt lächelte, sein lebendiges Erzählen; er wurde ruhig, es war ihm als träten alte Gestalten, vergessene Gesichter wieder aus dem Dunkeln, alte Lieder wachten auf, er war weg, weit weg. Endlich war es Zeit zum Gehen, man führte ihn über die Straße, das Pfarrhaus war zu eng, man gab ihm ein Zimmer im Schulhause. Er ging hinauf, es war kalt oben, eine weite Stube, leer, ein hohes Bett im Hintergrund, er stellte das Licht auf den Tisch, und ging auf und ab, er besann sich wieder auf den Tag, wie er hergekommen, wo er war, das Zimmer im Pfarrhause mit seinen Lichtern und lieben Gesichtern, es war ihm wie ein Schatten, ein Traum, und es wurde ihm leer, wieder wie auf dem Berg, aber er konnte es mit nichts mehr ausfüllen, das Licht war erloschen, die Finsternis verschlang Alles; eine unnennbare Angst erfaßte ihn, er sprang auf, er lief durchs Zimmer, die Treppe hinunter, vor's Haus; aber umsonst, Alles finster, nichts, er war sich selbst ein Traum, einzelne Gedanken huschten auf, er hielt sie fest, es war ihm als müsse er immer »Vater unser« sagen; er konnte sich nicht mehr finden, ein dunkler Instinkt trieb ihn, sich zu retten, er stieß an die Steine, er riß sich mit den Nägeln, der Schmerz fing an, ihm das Bewußtsein wiederzugeben, er stürzte sich in den Brunnstein, aber das Wasser war nicht tief, er patschte darin. Da kamen Leute, man hatte es gehört, man rief ihm zu. Oberlin kam gelaufen; Lenz war wieder zu sich gekommen, das ganze Bewußtsein seiner Lage stand vor ihm, es war ihm wieder leicht, jetzt schämte er sich und war betrübt, daß er den guten Leuten Angst gemacht, er sagte ihnen, daß er gewohnt sei kalt zu baden, und ging wieder hinauf; die Erschöpfung ließ ihn endlich ruhen.

MAX FRISCH
Homo faber

Erste Station

Wir starteten in La Guardia, New York, mit dreistündiger Verspätung infolge Schneestürmen. Unsere Maschine war, wie üblich auf dieser Strecke, eine Super-Constellation. Ich richtete mich sofort zum Schlafen, es war Nacht. Wir warteten noch weitere vierzig Minuten draußen auf der Piste, Schnee vor den Scheinwerfern, Pulverschnee, Wirbel über der Piste, und was mich nervös machte, so daß ich nicht sogleich schlief, war nicht die Zeitung, die unsere Stewardeß verteilte, *First Pictures Of World's Greatest Air Crash In Nevada*, eine Neuigkeit, die ich schon am Mittag gelesen hatte, sondern einzig und allein diese Vibration in der stehenden Maschine mit laufenden Motoren – dazu der junge Deutsche neben mir, der mir sogleich auffiel, ich weiß nicht wieso, er fiel auf, wenn er den Mantel auszog, wenn er sich setzte und sich die Bügelfalten zog, wenn er überhaupt nichts tat, sondern auf den Start wartete wie wir alle und einfach im Sessel saß, ein Blonder mit rosiger Haut, der sich sofort vorstellte, noch bevor man die Gürtel geschnallt hatte. Seinen Namen hatte ich überhört, die Motoren dröhnten, einer nach dem andern auf Vollgasprobe –

Ich war todmüde.

Ivy hatte drei Stunden lang, während wir auf die verspätete Maschine warteten, auf mich eingeschwatzt, obschon sie wußte, daß ich grundsätzlich nicht heirate.

Ich war froh, allein zu sein.

Endlich ging's los –

Ich habe einen Start bei solchem Schneetreiben noch nie erlebt, kaum hatte sich unser Fahrgestell von der weißen Piste gehoben, war von den gelben Bodenlichtern nichts mehr zu sehen, kein Schimmer, später nicht einmal ein Schimmer von Manhattan, so schneite es. Ich sah nur das grüne Blinklicht an unsrer Tragfläche, die heftig schwankte, zeitweise wippte; für Sekunden verschwand sogar dieses grüne Blinklicht im Nebel, man kam sich wie ein Blinder vor.

DAVID GUTERSON
Eine amerikanische Ulme

EDWARD STONE stand in schwarzer Farbe auf dem Briefkasten. Als ich am Samstagmorgen an seinem Haus eintraf, hatte es gerade angefangen zu schneien. Der Schnee fiel zögernd, friedlich und still. Und der alte Mann trottete mir entgegen, als ich den Weg zu seinem kleinen Holzhaus hinunterging – es hatte eine altmodische, moosbewachsene Verschalung, eine Veranda mit Schnitzwerk, einen hohen Giebel und einen Schornstein, über dem graue Rauchfetzen standen. Er trug ein aufgerolltes Seil über der Schulter, die immer kalte, immer glutlose Pfeife diesmal schräg im Mundwinkel, so daß sie nach Westen zeigte, während er nordnordwestlichen Kurs nahm, um mir an der Ecke seines überdachten Stellplatzes gegenüberzutreten.

Um Ed Stones Besitz stand es nicht zum besten. Das alte steinerne Bauernhaus war dahin, nur noch ein Trümmerhaufen – verkohlte Dielenplanken, die noch immer eigensinnig parallel lagen; ein zerbrochener Granitsockel, dessen Bruchstücke jetzt verstreut zwischen schwarzen, durchlöcherten, in der Hitze eines Brandes geschmolzenen und verformten Wasserrohren auffragten; schwarzer Schutt, Steinbrocken und verkohlte Balkenstücke bedeckten Reste eines eingestürzten Herdes; von dem Kamin waren noch zwei halb zusammengebrochene Mauern übrig. Von zwei Scheunen standen nur noch die Dachsparren, die Bretter der Seitenwände lagen zwischen den Kiefern auf dem Grundstück verstreut herum, die Weide war von Baumschößlingen und Kletten überwuchert und auf der Südseite vollkommen verwildert, der Zeit und dem Wetter preisgegeben. Und was sein kleines, in den Hang gebautes Kiefernholzhaus anging, so stand es im tiefen Schatten, hatte winzige quadratische Fenster, die auf die verwilderte Weide hinausblickten. Die Tür öffnete sich auf Unkraut und Trümmer.

Ich schlug mir den Schnee von den Schultern und folgte Ed Stone – *hier lang, Harper, aber ein bißchen munter* – vorbei an seinem Holzschuppen und dem leeren Hühnerstall unter den Kiefern, bis er in etwa zehn Meter Abstand vom Giebel seines Hauses stehenblieb und nach oben in die schlanken, ausladenden Äste einer amerikanischen Ulme wies. Sie war fast dreißig Meter hoch und auf halber Höhe abgebrochen wie ein Bleistift. Von der Bruchstelle aus hingen die restlichen Meter, schräg nach unten weisend, in den Ästen einer Kiefer, die den Sturz aufgefangen hatte. Dort wartete der abgeknickte Stamm schwankend, entlaubt, auf den nächsten Sturm, der ihn wie einen von den Göttern geführten Rammbock auf Ed Stones dunkles Holzhaus schleudern und es in zwei Teile zerschlagen würde.

Im halben Licht des Morgens sah der alte Mann, während er als Silhouette vor den Kiefern und der grauen Geometrie seiner Ruinen stand, genauso gekrümmt und gebrechlich und ebenso hoffnungslos erloschen aus wie die traurigen, verlorenen, sprachlosen Gestalten, unter denen ich mich gegen Bezahlung im Burrilville-Sanatorium bewegte. Seine Brille war verrutscht und der karierte Mackinaw falsch geknöpft, so daß der Kragen auf einer Seite absurd in die Höhe ragte. Ed Stone stand mit zurückgelegtem Kopf da, im Mundwinkel hing ihm eingetrockneter dunkler Speichel, die Haut am Hals war durchscheinend und blau gefroren, sein eingefallenes Gesicht spannte sich unter den prickelnden Eisnadeln des neuen Schnees; der Pfeifenstiel zitterte, der Atem kam keuchend und stoßweise wie Staub aus einem verstopften Blasebalg. Durch die beschlagene Brille blinzelte er hinauf zum abgebrochenen Stamm der Ulme, der sich hoch oben verfangen hatte und einen unwahrscheinlichen Anblick bot, weil er als einziger quer lag und wie eine weitgespannte Schwebebrücke in den Kronen der ausnahmslos kerzengerade senkrecht stehenden Kiefern hing.

»Problem ist«, sagte er, während er den Arm aus der Seilrolle zog, »das Ding runterzuholen, ohne daß es aufs Haus stürzt.«

Und damit fing er an, mir seinen Plan auseinanderzusetzen – in feierlicher Rhetorik, als ginge es nicht darum, einen Windbruch aus den Bäumen zu ziehen und zu Boden zu bringen, sondern darum, den Delaware zu überschreiten und bei Trenton am Ersten Weihnachtstag den Briten gegenüberzutreten. Als er fertig war, legte ich mir die Seilrolle um den Hals und kletterte in eine Kiefer, die er ausgesucht hatte, schlang einen festen Knoten in das Seilende, um es schwerer zu machen, warf es über den abgeknickten Stamm der Ulme und sah zu, wie es unten ankam. Ed Stone machte fünfzehn Meter unter mir eine Schlinge daran, und ich warf auch das andere Ende des Seils hinunter, damit er es durch die Schlinge ziehen konnte. Das tat er mit zittrigen Händen, während ich mich wieder aus der Kiefer hinunterarbeitete und dabei einen Blick auf die verwilderte Weide und das trapezförmige Chaos der düsteren Farmhausruine warf.

Der Schnee sammelte sich allmählich als weiße Staubschicht an allen Stellen, die nicht vom Dach der Äste geschützt waren, in Vertiefungen und Mulden und auf dem Pfad, der von der Ruine zur Holzhaustür und weiter zu dem überdachten Stellplatz führte, er bildete weiße Striche auf den Graten offenliegender Äste und ließ sich auf dem Schrägdach und den obersten Kaminsteinen des dunklen Holzhauses nieder, breitete eine glitzernde weiße Decke über die Ruine, die verstreuten Bruchstücke des geborstenen Sockels, die nackten, ragenden Rohre, die schwarz verkohlten Balken, die nebeneinanderliegenden Bodenbretter, die Reste der Dachsparren und Holzstücke, die auf den Überbleibseln des kalten Steinherdes aufgehäuft waren. Der erste stetige, zuverlässige Schneefall des Winters hatte im Ernst begonnen, er wurde stärker, als das graue Licht, aus dem er kam, hinter den Wolken allmählich dichter wurde, bis der ganze Himmel ein einheitliches Grau war – das alte vertraute erdnahe Licht war nur noch unterhalb der Kronen von Ed Stones Bäumen zu erahnen.

Ich habe nicht gesehen – auch wenn ich es mir in der Erinnerung ausgemalt habe –, wie der alte Mann über den Eckstein seiner Ruine stolperte und hinfiel. Ich hatte ihn unter den dunklen Bäumen zurückgelassen und mich auf den Weg gemacht, seinen Pick-up zu holen, der in unserem Schlachtplan eine wichtige Rolle spielte. Als ich losging, ließ er die Schlinge nach oben laufen, ging dabei steifbeinig zwischen den Kiefern rückwärts, mit zurückgelegtem Kopf ins graue Licht blinzelnd. Die Schlinge glitt zuerst glatt nach oben, kam dann aber, weil die Spannung des Seils geringer und die Schräge flacher wurde, je weiter Ed zurückging, ins Stocken. Und dann stürzte Ed, niemand war dabei, es war ein unglücklicher Zufall, weiter nichts. Ich hörte seinen Schrei – gedämpft und kraftlos – durch den fallenden Schnee.

Ich machte kehrt und lief den Weg wieder zurück, ganz plötzlich fühlte ich mich so allein, daß ich meinen eigenen Atem überlaut hörte; ich fand Ed Stone, er fuhr suchend mit den Händen über die Kante seiner Hausruine, sein eingefallenes Gesicht eine Grimasse des Erstaunens, gezeichnet von

Reue und Selbstvorwürfen, seine Nickelbrille schief und verbogen. Die vertraute Pfeife, die zu ihm gehörte wie Finger und Hände, war nirgends zu sehen, und das Seil schwang wie ein langsam zur Ruhe kommendes Pendel drei Meter vor ihm durch den herabrieselnden Schnee. Verbissen, wild entschlossen, linkisch und grotesk – wie ein Zugpferd, das sich das Bein gebrochen hat und sich nun schaumbedeckt am Boden wälzt und nicht begreifen kann, daß die Schwerkraft und die Erde es niederhalten –, versuchte der alte Mann hochzukommen, hielt sich an den alten Mauerresten fest, zog sich empor, sackte wieder zusammen, suchte verzweifelt nach einer Möglichkeit, Boden unter die Füße zu bekommen. Sein Gesicht bekam einen neuen Ausdruck, Schmerz überlief ihn, brannte in seinen Augen – der alte Narr hatte das linke Wadenbein belastet, den Knochen, den er sich bei seinem Sturz gebrochen hatte. Er fiel auf die Seite. Zusammengezogen wie zerknittertes Papier, umklammerte er das gebrochene Bein mit beiden Händen und weinte ohne Scham im Schnee zwischen den Ruinen seines alten Hauses.

Ich hob ihn vorsichtig hoch – er war leicht wie ein neugeborenes Kalb – und trug ihn vor mir, einen Arm in den Kniekehlen, einen unter den Schulterblättern, ängstlich darauf bedacht, daß das unnatürlich nach außen abgeknickte Bein nicht berührt wurde, in das warme Innere seines Hauses. Durch den reinen Schneeduft drang sein starker Körpergeruch zu mir. Ed roch nach mürben alten Buchseiten, Mörtelgefäßen im Keller, getrockneten Pilzen und Zahnpasta. Der alte Mann wimmerte und weinte Tränen, die mich ratlos machten vor Schuldgefühl und Scham, sein Gesicht war mir so nahe, seine Augen gingen feucht hinter den dicken Gläsern seiner Brille hin und her, er weinte ohne jeden Mut, was mir damals unbegreiflich, unmöglich erschien.

Drinnen war der Ofen fast erloschen, das Haus dunkel wie eine Höhle und erfüllt von beißendem Holzrauch. Ich ließ den alten Mann aus meinen Armen vorsichtig auf sein ungemachtes Bett im Alkoven des einzigen Zimmers gleiten; er fiel matt in sich zusammen, atmete keuchend und blickte starr auf den schwarzen Ruß, der wie dicke Paste an den Dachbalken klebte. Ich rief den Arzt in Wilkes an – damals machten Ärzte noch Hausbesuche –, brüllte laut in den Hörer, der zur Antwort rauschte und knackte – und dann hängte ich ein und wartete, hatte keine Worte für das, was geschehen war, horchte stumm auf das Ticken einer Uhr, die irgendwo ohrenbetäubend die Zeit anzeigte, und fütterte den Ofen mit Ahornscheiten.

»Möchten Sie eine Decke?« fragte ich, als das Feuer gut zog.

»Nein. Ich brauch keine Decke.«

»Brauchen Sie sonst etwas?«

»Geh nach Hause, Junge. Die Arbeit ist zu Ende.«

Ich setzte mich an den Eßtisch.

»Der Doktor kommt gleich«, sagte ich. »So lange warte ich noch.«

Der alte Mann knurrte und hüllte sich in seiner Ecke in Schweigen.

Fünfzig Minuten später richtete Doc Schofield das Bein. Gegen Mittag kam Vic Crowell die Vaughan Road herunter und zog die abgeknickte Ulme mit seinem Schneepflug herunter. Sie fiel in die Trümmer des alten Hauses, und ich nahm Ed Stones Kettensäge und zerlegte den Stamm zu Feuerholz.

Um halb drei kam Ed Stones Sohn aus West Putnam, Connecticut, wo er Chef der örtlichen Feuerwehr war. Er fragte mich, was passiert sei. Ich erzählte ihm alles. Er gab mir fünf Dollar, und ich ging im grauen Licht des Waldes nach Hause.

SYLVIA PLATH
Die Glasglocke

Frischer Schnee deckte das Gelände der Anstalt zu – kein Weihnachtszucker, sondern mannshohe Januarmassen, die Schulen und Büros und Kirchen lahmlegten und für einen Tag oder mehr auf Notizblöcken und in Terminkalendern ein reines, weißes Blatt hinterließen.

Wenn ich die Besprechung mit dem Ärzteausschuß überstand, würde mich in einer Woche Philomena Guineas großer schwarzer Wagen nach Westen fahren und vor dem Tor meines Colleges absetzen.

Tiefster Winter!

Ganz Massachusetts mußte in marmorner Ruhe versunken sein. Ich stellte mir die verschneiten Grandma-Moses-Dörfer vor, das Sumpfland, über dem dürre Teichkolben raschelten, die Weiher, in denen unter dickem Eis Frosch und Katzenwels träumten, und die klirrenden Wälder.

Aber unter der täuschend sauberen, ebenmäßigen Schicht war sich die Topographie gleich geblieben, und statt San Francisco oder Europa oder den Mars würde ich die alte Landschaft mit Bach und Berg und Baum entdecken. In gewisser Hinsicht schien es eine Kleinigkeit zu sein, nach sechsmonatiger Unterbrechung dort wieder anzufangen, wo ich so vehement aufgehört hatte.

Natürlich würden alle über mich Bescheid wissen.

Mrs. Nolan hatte mir unverblümt gesagt, eine Menge Leute würde mir mit Vorsicht begegnen oder mir sogar aus dem Weg gehen, wie einer Aussätzigen mit einer Warnglocke. Mir fiel das Gesicht ein, das meine Mutter bei ihrem ersten und letzten Besuch in der Anstalt seit meinem zwanzigsten Geburtstag gemacht hatte, ein blasser, vorwurfsvoller Mond. Die Tochter in einer Anstalt! Das hatte ich ihr angetan. Und dennoch hatte sie offenbar beschlossen, mir zu verzeihen.

»Wir machen da weiter, wo wir aufgehört haben, Esther«, hatte sie mit süßlichem Märtyrerinnenlächeln gesagt. »Wir tun so, als wäre das alles ein böser Traum gewesen.«

Ein böser Traum.

Für den, der eingezwängt und wie ein totes Baby in der Glasglocke hockt, ist die Welt selbst der böse Traum.

Ein böser Traum.

Ich erinnerte mich an alles.

Ich erinnerte mich an die Leichen und an Doreen und an die Geschichte von dem Feigenbaum und an Marcos Diamant und an den Matrosen im Bostoner Common und an Doktor Gordons schielende Krankenschwester und an die zerbrochenen Thermometer und an den Neger mit seinen zwei Sorten Bohnen und an die zwanzig Pfund, die ich durch das Insulin zugenommen hatte, und an den Felsen, der sich wie ein grauer Schädel zwischen Himmel und Meer wölbte.

Vielleicht würde das Vergessen wie eine freundliche Art von Schnee sie alle erstarren lassen und zudecken. Aber sie waren ein Teil von mir. Sie waren meine Landschaft.

»Da ist ein Mann für Sie!«

Die lächelnde Schwester mit der schneeweißen Kappe steckte den Kopf zur Tür herein, und einen wirren Augenblick lang glaubte ich wirklich, ich sei wieder im College und dieses fichtenweiße Mobiliar und die weiße Aussicht auf Bäume und Berge seien nur eine verbesserte Auflage der angestoßenen Stühle und des zerkratzten Schreibtischs in meinem alten Zimmer und der Aussicht auf den öden Hof. »Da ist ein Mann für dich!« hatte das Aufsicht führende Mädchen am Telefon des Studentenheims gesagt.

Wodurch unterschieden wir in Belsize uns eigentlich so sehr von den Mädchen, die in dem College, in das ich zurückkehren würde, Bridge spielten, plauderten und studierten? Auch diese Mädchen saßen jedes für sich unter einer Art Glasglocke.

»Herein!« rief ich, und ins Zimmer trat, die Khakikappe in der Hand, Buddy Willard.

»Na, Buddy?« sagte ich.

»Na, Esther?«

Wir standen da und sahen einander an. Ich wartete auf eine Gefühlsregung, wenigstens ein Glimmen. Nichts. Nichts außer einer großen, gutmütigen Langeweile. Buddys Gestalt in der Khakijacke schien mir klein und so ohne Verbindung zu mir wie die braunen Zaunlatten am Fuß der Skipiste, an denen er an jenem Tag vor einem Jahr gelehnt hatte.

»Wie bist du hergekommen?« fragte ich schließlich.

»Mit Mutters Wagen.«

»Bei all dem Schnee?«

»Na ja«, grinste Buddy, »ich bin drüben in einer Schneewehe steckengeblieben. Der Berg war zuviel für mich. Ob ich hier irgendwo eine Schaufel ausleihen kann?«

»Wir können bei einem der Hausmeister eine Schaufel besorgen.«

»Prima.« Buddy wandte sich zum Gehen.

»Warte, ich komme mit und helfe dir.«

Buddy warf mir einen Blick zu, und ich sah in seinen Augen Befremden aufblitzen – die gleiche Mischung aus Neugier und Mißtrauen, die mir bei der Frau von Christian Science und meinem alten Englischlehrer und dem unitarischen Priester begegnet war.

»Ach, Buddy«, lachte ich. »Mir geht's gut.«

»Oh, ich weiß, ich weiß, Esther«, sagte Buddy hastig.

»Du bist es, der sich mit dem Ausbuddeln von Autos in acht nehmen sollte. Nicht ich.«

Und tatsächlich ließ mich Buddy die meiste Arbeit tun.

Der Wagen war auf der spiegelglatten Steigung zur Anstalt ins Rutschen gekommen und mit einem Rad in eine tiefe Schneewehe neben der Straße geraten.

Die Sonne war zwischen grauen Wolkenschleiern hervorgetreten und schien mit sommerlichem Strahlen auf die unberührten Berghänge. Als ich im Arbeiten einmal innehielt und über die makellosen Weiten blickte, empfand ich die gleiche tiefe Erregung, die mich überkommt, wenn ich Bäume und Weiden hüfthoch überschwemmt sehe – es ist, als wäre die gewöhnliche Weltordnung leicht verschoben und in ein neues Stadium getreten.

Ich war dankbar für den Wagen und die Schneewehe. Sie hielten Buddy davon ab, mir die Frage zu stellen, mit der ich rechnete und die er mir beim Nachmittagstee in Belsize schließlich auch stellte. DeeDee spähte wie eine neidische Katze über den Rand ihrer Teetasse zu uns herüber. Nach Joans Tod war DeeDee für einige Zeit nach Wymark umgezogen, aber inzwischen war sie wieder bei uns.

»Was ich mich immer gefragt habe ...« Buddy stellte seine Tasse mit einem verlegenen Klirren auf die Untertasse.

»Was hast du dich immer gefragt?«

»Ich habe mich gefragt ... ich meine, ich dachte, du könntest mir vielleicht etwas erklären.« Unsere Blicke trafen sich, und nun erst erkannte ich, wie sehr sich Buddy verändert hatte. An die Stelle des alten, selbstsicheren Lächelns, das so leicht und oft aufgeleuchtet war wie das Blitzlicht eines Fotografen, war ein ernstes, sogar zauderndes Gesicht getreten – das Gesicht eines Mannes, der oft nicht bekommt, was er will.

»Wenn ich kann, erkläre ich es dir, Buddy.«

»Glaubst du, an mir ist etwas, das Frauen verrückt macht?«

Ich konnte nicht anders, ich brach in Gelächter aus – vielleicht wegen Buddys ernster Miene oder wegen der gewöhnlichen Bedeutung des Wortes »verrückt« in einem Satz wie diesem.

»Ich meine«, bohrte Buddy weiter, »ich war mit Joan befreundet und dann mit dir, und zuerst wurdest du ..., und dann Joan ...«

Mit spitzem Finger schob ich einen Kuchenkrümel in einen Tropfen nassen, braunen Tee.

»Sie haben das selbstverständlich nicht getan!« hörte ich Mrs. Nolan sagen. Ich war wegen Joan zu ihr gekommen, und soweit ich mich erinnern konnte, hatte ihre Stimme nur bei diesem einen Mal zornig geklungen. »Niemand hat es getan! *Sie* hat es getan!« Und dann sagte mir Mrs. Nolan, auch die besten Psychiater hätten Selbstmorde unter ihren Patienten, und wenn überhaupt, dann müßte man doch wohl die Psychiater verantwortlich machen, die hingegen würden sich durchaus nicht für verantwortlich halten ...

»Mit dir hatte das nichts zu tun, Buddy.«

»Bist du sicher?«

»Absolut.«

»Na«, seufzte Buddy, »da bin ich aber froh.«

Und er schlürfte seinen Tee wie eine stärkende Arznei.

»Ich habe gehört, du verläßt uns.«

Ich paßte mich dem Schritt von Valerie an, die unter der Aufsicht einer Schwester mit einer kleinen Gruppe draußen war.

»Nur wenn die Ärzte ja sagen. Morgen habe ich mein Gespräch.«

Der festgetretene Schnee knirschte unter unseren Füßen, und überall hörte ich ein musikalisches Tröpfeln und Plätschern, solange die Mittagssonne Eiszapfen und Schneekrusten tauen ließ, die vor Einbruch der Dunkelheit wieder gefrieren würden. Die Schatten der dicht an dicht stehenden dunklen Kiefern waren in diesem hellen Licht lavendelfarben, und ich spazierte eine Zeitlang neben Valerie im vertrauten Labyrinth der freigeschaufelten Anstaltswege umher. Die Ärzte, Schwestern und Patienten auf den benachbarten Wegen, von den Schneehaufen bis zur Hüfte verdeckt, bewegten sich wie auf Rollen.

»Gespräche!« schnaubte Valerie. »Das heißt doch nichts! Wenn sie dich gehen lassen wollen, lassen sie dich gehen.«

»Hoffentlich.«

Vor Caplan verabschiedete ich mich von Valeries stillem Schneemädchengesicht, hinter dem im Guten wie im Bösen so wenig geschehen konnte. Ich ging allein weiter, und auch in dieser sonnendurchfluteten Luft hing mein Atem in weißen Wölkchen vor mir. Valerie hatte mir zuletzt noch fröhlich nachgerufen: »Bis dann! Wir sehen uns!«

»Nicht, wenn es nach mir geht«, hatte ich gedacht.

Aber ich war mir nicht sicher. Ich war mir ganz und gar nicht sicher. Woher sollte ich wissen, ob sich nicht eines Tages – im College, in Europa, irgendwo, überall – die Glasglocke mit ihren erstickenden, lähmenden Verzerrungen wieder über mich senken würde?

Und hatte Buddy, als wollte er sich dafür rächen, daß ich ihm den Wagen ausgegraben hatte, während er danebenstehen mußte, nicht gesagt: »Ich möchte wissen, wen du jetzt heiraten willst, Esther«?

»Was ist los?« hatte ich gefragt und in das Flockengestöber geblinzelt, das mir von einer Schaufel, die ich gerade hoch auf den Schneehaufen gehoben hatte, ins Gesicht zurückwehte.

»Ich möchte wissen, wen du jetzt heiraten willst, Esther. Jetzt, wo du« – Buddys Geste umfaßte den Berg, die Kiefern und die strengen, schneebedeckten Giebel der Gebäude, die das Gewoge der Landschaft unterbrachen – »hier gewesen bist.«

Und natürlich wußte auch ich nicht, wer mich heiraten würde, nachdem ich gewesen war, wo ich gewesen war. Ich wußte es wirklich nicht.

RICHARD FORD
Abendländer

In ihrem Zimmer war die Luft wieder feucht und kalt. Um diese späte Stunde kam keine Wärme mehr durch die Heizungsrohre. Nur im Bett konnte man sie finden. Womöglich war Paris um diese Zeit nicht immer so kalt, überlegte sich Matthews.

Helen ging ins Badezimmer, schloß die Tür und sperrte ab. Er hörte, wie sie sich Badewasser einließ, hörte, wie sie mehrmals die Toilette spülte und sich übergab – aber vielleicht hatte sie auch nur gehustet. Helen hatte nichts gegessen, sie nahm jedoch irgendwelche Medikamente, und vielleicht war ihr davon übel. Er war sich sicher, daß sie Schmerzen hatte. Sie benahm sich so, als sei der Schmerz ihr ständiger Begleiter. Krebs bedeutete Schmerzen, und jene Flecken an ihren Beinen hingen mit der früheren Krebserkrankung zusammen, über die sie verständlicherweise nicht sprechen wollte.

Im Grunde wußte er gar nicht, wohin mit sich in dem winzigen kalten Zimmer. Eine große Anspannung hatte sich in ihm gebildet, und Helens Bedeutung (wie sonst sollte er es bezeichnen?) im Ablauf der Ereignisse hatte die seine überschattet. Er setzte sich aufs Bett und versuchte, sich den bevorstehenden Besuch bei seiner Übersetzerin vorzustellen, aber nichts daran war interessant genug, um ihn abzulenken. Er versuchte, an Penny und Lelia zu denken, an ihre gemeinsamen glücklichen Tage. Weihnachten – wie war Weihnachten wohl in San Francisco? Aber auch das vermochte ihn nicht zu fesseln. Helen ging es vielleicht wirklich schlecht, und darum drehte sich nun offensichtlich alles. Am besten, er ließ sich einfach auf all das ein und hoffte dabei im stillen, daß er unrecht hatte.

Er stand auf und versuchte, seinen Koffer so zu verrücken, daß Helen aus dem Badezimmer direkt zum Bett gehen konnte, ohne darüber hinwegsteigen zu müssen. Dazu mußte er den

Koffer schließen; aber selbst dann mußte er ihn auf Helens Koffer legen, was das Zimmer zwar ordentlicher aussehen ließ, aber das Gepäck unzugänglich machte. Es mußte geöffnet auf dem Boden liegen, damit man drankonnte – aber so gelangte man nur schwer zum Badezimmer oder an den Fernseher. Er beschloß, sie der Bequemlichkeit halber aufgestapelt zu lassen.

Er wollte allerdings nicht ins Bett. Helen wäre wohl nicht nach Sex zumute, aber wenn er bereits im Bett läge, könnte sie meinen, er hätte Lust darauf, was ungeahnte Schwierigkeiten nach sich ziehen könnte. Helen hatte vor kurzem ein paar bissige Bemerkungen darüber gemacht, wie gierig er auf die Art Sex sei, die sie ihm zu bieten habe – »Erwachsenensex«, wie sie es nannte, oder zuweilen auch »Sex ohne Händchenhalten«. Vielleicht war er gar nicht mal so gierig darauf gewesen. Aus irgendeinem Grund schienen Frauen heutzutage unersättlich, was Sex anbelangte. Eine Frau vom Wilmot College, eine Volkswirtschaftsprofessorin, mit der er in der ersten wirren Woche nach Pennys Abschied eine kurze Affäre gehabt hatte, mußte praktisch ständig gevögelt werden – was ihm nicht besonders gefallen hatte. Es hatte ihn zögerlich werden lassen. Es gab keinerlei »Begegnung«, auch schien sie gar nicht erwünscht. Ihr etwas abzuschlagen wurde sofort als unglaubliche Beleidigung hingestellt. Frauen hatten immer »Nein« sagen können oder »Laß uns mal langsam machen« oder »Ich bin noch nicht so weit« – was sie wollten. Und Männer hatten damit immer einverstanden sein müssen. Ein Mann dagegen konnte so etwas nicht von sich geben, ohne alle vor den Kopf zu stoßen. Und wenn er sich jetzt ins Bett legte, würde Helen ihm wahrscheinlich Vorwürfe machen, weil er mit ihr schlafen wollte, während sie ganz offensichtlich nicht daran interessiert war, obwohl auch er es nicht war. Natürlich war es möglich, daß sie dennoch Lust hatte – trotz blauer Flecken, Schmerzen, Jetlag, Übelkeit, Krebs. Vielleicht betrachtete sie es als eine Art

Schmerzmittel. Noch ein Grund, sich nicht ins Bett zu legen, obwohl er müde war und sich nach Schlaf sehnte.

Er ging zum kalten Fenster hinüber und schaute hinaus. Er spürte sowohl die Kälte von draußen als auch den letzten Wärmehauch aus dem holzverkleideten Heizungskörper vor ihm. Draußen allerdings sah man noch immer nur Schnee und Finsternis. Er konnte den Montparnasse-Turm sehen, dessen Bürokarrees fast alle erleuchtet waren. Der Eiffelturm hingegen war noch immer nicht an der Stelle auszumachen, wo er nach Matthews' Ansicht stehen mußte. Verloren im Schnee. Wahrscheinlich geschlossen – wo doch jetzt der richtige Zeitpunkt wäre, ihn zu besteigen, jetzt, da die Stadt des Lichts hellerleuchtet dalag. Er würde ganz gewiß noch einmal hingehen, wenn dies alles vorbei war.

Auf der Rue Froidevaux waren nur wenige Autos zu sehen. Es war gar nicht mal so spät – Mitternacht –, aber keiner wollte im Schnee durch Paris fahren.

Ein Polizeiauto glitt langsam mit blinkendem Blaulicht vorbei, offensichtlich nicht im Noteinsatz. Ein Mann auf einem Motorroller parkte am Bordstein und ging ins Hotel. Wahrscheinlich derselbe Mann, der gestern den ganzen Krach veranstaltet hatte. Der Nachtportier.

Er beobachtete, wie von rechts ein kleiner Mann zu Fuß die Straße entlangkam, vielleicht von der Rue Boulard, ein Mann mit etwas auf der Schulter, was nach einer zusammengerollten Decke oder einem Schlafsack aussah, ein Mann in Stiefeln, mit einem langen Mantel, ohne Mütze. Er überquerte die Rue Froidevaux, schritt durch die Platanenreihe und ging an der Friedhofsmauer entlang, bis er zwischen den gelben Kreisen der Straßenlaternen beinahe nicht mehr zu sehen war. Er blieb stehen, zündete sich eine Zigarette an, stieß den Rauch aus, drehte sich um und schaute auf der fast leeren Straße hin und her, trat dann behutsam an die Mauer, schob den Schlafsack auf seiner Schulter etwas höher, sah sich noch einmal um, kletterte schließlich sehr geschickt, aber dennoch behutsam die Mauer hinauf und verschwand auf der anderen Seite.

Matthews drückte die Nase an die gefrorene Scheibe und starrte hinaus in den Park des Friedhofs, der so vollgestellt war mit weißen Grabsteinen und hübschen kleinen Kapellen, daß man meinen konnte, er sei bis auf den letzten Platz belegt, wobei gestern ja noch ein Toter hier untergekommen war. Jenes Grab konnte er in dem Gewirr, in der Dunkelheit und dem Schnee schon gar nicht mehr ausmachen. Er wartete darauf, daß der Mann wieder auftauchte, beobachtete jenen Teil, von dem er annahm, es sei der jüdische, nahe der Stelle, wo der Mann über die Mauer gestiegen war. Aber es war niemand zu sehen. Der Mann war heimlich eingedrungen und dann verschwunden. Ohne Zweifel aber befand er sich im Schatten auf der Rückseite der Mauer. Drinnen hielt sich sicher ein Wachmann auf, der genau solche Verstöße ahnden sollte – und auch Bußgelder verhängte.

Aber da sah er eine Bewegung, einen dunkleren Schatten, der zwischen den blassen, flachen Grabsteinen aufflackerte. Eine Zickzackbewegung. Matthews hätte sie fast nicht bemerkt, da sie sich weit rechts von der Stelle ereignete, wo er den Eindringling zuletzt beobachtet hatte: an einer entlegenen Ecke des Friedhofs, gerade dort, wo die Rue Froidevaux eine kleine, namenlose Straße schnitt. Er sah bloß einen Moment lang einen Schatten, wie eine kurze Unterbrechung im Schein des Schnees. Aber er tauchte noch einmal auf, und dann konnte Matthews den Mann sehen – oder vielleicht einen anderen Mann mit einem Schlafsack auf dem Rücken. Er bewegte sich schnell, hockte sich hin, verschwand dann hinter einer Familiengruft, glitt auf der anderen Seite wieder hervor und duckte sich, wobei er offensichtlich kurz hinfiel und dann auf allen vieren versuchte, wieder auf die Beine zu kommen. Er warf sich in die eine, dann in die andere Richtung, als verfolge ihn etwas – etwas, was Matthews nicht sehen konnte und was ihn offenbar aus dem Friedhof vertreiben wollte, oder schlimmer noch.

Matthews beobachtete das Ganze, die Nase an die Scheibe gepreßt, bis der Mann schließlich erneut schlitternd an die Mauer spurtete, um sich dann in der Dunkelheit und dem Schnee hinzukauern, so daß er kaum noch zu sehen war. Aber dann stand der Mann plötzlich vor einem der hohen Mausoleen mit Giebeldach, einem wie hundert anderen. Er drehte sich um und schaute wie zuvor auf der Straße nach rechts und links, bevor er behutsam das schwere gußeiserne Tor öffnete, eintrat, die Tür hinter sich schloß und endgültig weggetaucht war.

*»Schnee knirscht unter den Füßen
wie pulverisierte Gebeine«*

TOD IM SCHNEE

ROGER MCGOUGH
Schneebild

Schnee knirscht unter den Füßen wie pulverisierte Gebeine, Bäume haben Schuppen in ihrem Haar, und der Wind stöhnt, der Wind stöhnt

Teiche tragen Brillen mit einem Meter starken Linsen, Vögel sind stumm in der Luft wie Steine, und der Wind kann nicht schlafen, der Wind kann nicht schlafen

ich fand einen alten Mann am Straßenrand, der noch nicht lange tot war, ich hatte sein einsames Seufzen nicht gehört und ihn nicht weinen sehen, nur Vögel hörten die letzten Worte, die er sagte, bevor der Wind ein Leichentuch über seinen Kopf breitete, der Wind ein Leichentuch über seinen Kopf breitete

WALTER HÖLLERER
Der lag besonders mühelos am Rand

Der lag besonders mühelos am Rand
Des Weges. Seine Wimpern hingen
Schwer und zufrieden in die Augenschatten.
Man hatte meinen können, daß er schliefe.

Aber sein Rücken war (wir trugen ihn,
Den Schweren, etwas abseits, denn er störte sehr
Kolonnen, die sich drängten), dieser Rücken
War nur ein roter Lappen, weiter nichts.

Und seine Hand (wir konnten dann den Witz
Nicht oft erzählen, beide haben wir

Ihn schnell vergessen) hatte, wie ein Schwert,
Den hartgefrorenen Pferdemist gefaßt,

Den Apfel, gelb und starr,
Als wär es Erde oder auch ein Arm
Oder ein Kreuz, ein Gott: ich weiß nicht was.
Wir trugen ihn da weg und in den Schnee.

STEN NADOLNY
Die Entdeckung der Langsamkeit

1. September. Hood war jetzt wirklich krank. Daß er die *tripes de roche* nicht vertrug, war ein Unglück. So verfiel er nicht nur durch den Widerstand seines Körpers, sondern auch durch den Hunger mehr als andere.

Die Kälte nahm zu. Die dicken Schneeflocken hatten noch hübsch ausgesehen, jetzt gab es nur noch einen trockenen weißen Staub, der unter die Kleider kroch. Nachts dauerte es über eine Stunde, bis die steifgefrorenen Decken warm genug geworden waren, um so etwas wie Schlaf zuzulassen. Sie legten ihre Stiefel unter den Körper, um sie am nächsten Tag vor dem Anziehen nicht erst auftauen zu müssen. Das nämlich erforderte ein Feuer und damit Holz, das man erst suchen mußte.

Der Hunger schuf eine Langsamkeit, die nicht sehend war, sondern blind. Sie gingen zwar noch vorwärts, sie versuchten noch freundlich oder zuversichtlich auszusehen, aber sie machten bei den selbstverständlichsten Dingen Fehler. Sie fuhren mit dem Kanu über den Fluß, ohne etwas mitzunehmen. Sie starrten auf die näherrückende Kante eines Wasserfalls, ohne zu handeln. Der Zustand erinnerte an jenes späte Stadium der Trunkenheit, in dem Lust in Elend umschlägt. Kein Stück Wild. Sogar die Felsflechte war jetzt nicht mehr leicht zu finden, man mußte erst den Schnee aufgraben. Sie fanden die

Überreste einer Wolfsmahlzeit, halbverrottete Knochen eines Rentiers, die sie zubereiteten, indem sie sie ins Feuer hielten, bis sie schwarz waren. »Das nützt nichts«, sagte Junius. »Man muß eine Suppe daraus machen.« John schlug vor, das zu versuchen, aber die anderen wollten etwas zwischen den Zähnen spüren. Suppe! Was verstand so ein Eskimo von englischen und französischen Mägen! John gab ihnen nach. Er hielt die Moral für wichtiger als das Experiment mit der Suppe. Junius war gekränkt. Er verschwand mit fünfzig Schuß Munition für immer.

Die Moral war auch im Gehen. Im Grunde war sie schon längst viele Meilen weit fort. Es nützte nicht viel, daß die Schwäche ihr in manchen Punkten ähnlich sah.

Schritte, immerfort Schritte über eine spurenlose Schneedecke, die nur durch Flüsse und Seen unterbrochen wurde.

Es kam John hin und wieder sonderbar vor, daß seine Füße immer weitergingen, wie ohne sein Zutun, und daß stets der rechte Absatz an den linken Knöchel stieß – nie umgekehrt, nie anders. Die Schwäche lehrte jeden, wie schief sein Gestell war. Die Haltung wurde immer gebeugter. Seltsam – war der Mensch nicht mit geradem Rücken geboren? Die Bärte waren völlig vereist, ohne ein Feuer waren sie nicht zu befreien. Und sie wogen einiges. So ein gefrorener Bart konnte einen Mann schon vornüberbeugen. Die Gedanken wurden dämmriger und flüchteten vor jedem festen Zugriff. Ab und zu geriet einer der Voyageurs in einen kleinen, kindischen Zorn über nichts – Perrault schrie, er wolle nicht mehr hinter Samandré hergehen, weil dessen dummer Hosenboden ewig so blöde hin- und herknicke. Dann wieder stundenlanges Weitertrotten ohne ein Wort. Plötzlich der Gedanke, man ginge vom Fort weg statt zu ihm hin. Vielleicht war ihr Schicksal längst beschlossen.

Warum hatte George Back noch so viel Kraft? War es gerecht, daß einer, der so eitel und wankelmütig war, so lange durchhielt? Schöne Menschen hatten oft Kräfte auf ihrer Seite, die nicht leicht einzuschätzen waren. Sie waren entschlossen, ihre Schönheit über alles hinwegzuretten, das gab ihnen Zielbewußtsein.

Zum Abendessen *tripes de roche*, jedem eine Handvoll, nach stundenlanger Suche. Graue, faltige Gesichter.

14. September. Einige Rentiere gesichtet, aber keines erlegt. Michel war aus Versehen mit seinen vor Aufregung zitternden Fingern an den Abzug gekommen, ein Schuß hatte sich vorzeitig gelöst, alles war dahin. Michel weinte vor Verzweiflung, Crédit schloß sich an.

Hood war weit zurückgeblieben, er kam, von Richardson gestützt, einige Stunden später bei den Zelten an, wo man schon etwas *tripes de roche* geerntet hatte, das Zeug, das er nicht vertrug. »Ich habe mich ein wenig getummelt«, lächelte er, dann knickte er in den Knien ein und sank um. Bewußtlos wurde er nicht. Dafür war Hood zu neugierig auf alles, was noch kam. Zwar konnte er nicht mehr gut zeichnen, aber Auge und Gehirn waren immer noch mit allem möglichen beschäftigt, nur nicht mit seinem Leiden.

Perrault griff in sein Gepäck und holte für Hood einige Fleischreste heraus, von denen er sagte, er habe sie von seinem Anteil in den letzten Tagen abgespart. Er schenkte Hood die letzte Handvoll Fleisch. Alle neunzehn weinten, sogar Back und Hepburn. Was machte es aus, wo Perrault dieses Fleisch wirklich herhatte! Da erschien sie noch einmal, die Ehre der Menschheit, nur kurz zwar, aber sie war deutlich zu sehen.

»Und ich denke, Junius wird auch wiederkommen!« sagte Augustus. »Er wird viel Fleisch bringen!«

»Fleisch, ja!« Sie umarmten einander und waren vor Hoffnung wie betrunken. Bald war man doch zu Hause! Ein Spaziergang!

So endete der 14. September, ein guter Tag.

23. September. Peltier, der schon seit Tagen über das Gewicht des Kanus geklagt hatte, bekam einen Wutanfall und warf es auf den Boden, so daß einige der tragenden Hölzer splitterten. Er mußte es wieder aufnehmen und weitertragen, denn noch war es mit etwas Glück zu reparieren.

Als der Schneesturm einsetzte, drehte Peltier das Kanu so, daß der Wind hineingriff und es ihm aus den Händen riß. Jetzt mußten sie es endgültig liegen lassen. Peltier hatte erschreckend wenig Scheu, seinen Triumph zu zeigen. Das andere Kanu trug Jean Baptiste Bélanger – wie lange noch? John redete ihm ins Gewissen: »Wir sind auf dem richtigen Weg, aber ohne Kanu sind wir verloren.«

Wenig später stellte John fest, daß er nicht auf dem richtigen Weg war. Der Magnetismus war hierorts unzuverlässig, die Nadel fuhr höhnisch Karussell. Es kam ein schlimmer Augenblick: der halbverhungerte Commander mußte der halbverhungerten Mannschaft mitteilen, daß eine Richtungsänderung nötig war. Es verlangte Mut, und der war jetzt eine große Anstrengung geworden.

»Die Stunde der Wahrheit«, murmelte Back und sah irgendwohin. »Er hat sich vertan!« zischte Vaillant.

»Wenn ihr so viel von Navigation wüßtet wie ich, würdet ihr euch nicht ängstigen. Es ist schwierig hier, aber es geht nach Logik und Wissenschaft.«

Sie glaubten ihm nur, weil sie mußten. Sie waren zu schwach geworden, um wirklich an irgend etwas zu glauben. Sie fürchteten jetzt alle, daß sie sterben würden.

Hoods Mut war wichtig. Der Midshipman sah aus wie ein Toter, aber seine Zuversicht beschämte jeden, dem nach Selbstmitleid auch nur entfernt zumute war.

Irgendwie wußten alle: wenn Hood erst starb, war das Ende nicht weit.

Als John an einem Seeufer befahl, das Eis aufzuhacken und Fische zu fangen, fehlten plötzlich sämtliche Netze. Die Voyageurs hatten sie für zu schwer befunden, sie lagen irgendwo meilenweit hinter ihnen unter dem Schnee.

Zwei Stunden später stolperte Jean Baptiste Bélanger wie ein schlechter Schauspieler, dem man gesagt hatte, daß er stolpern solle. Die Stelle hingegen war gut ausgesucht: sie querten gerade einen steilen Abhang. Zerschmettert war das letzte Boot!

Abends kauten sie an einer halbverwitterten Rentierhaut, die sie unter dem Schnee herausgekratzt hatten. Es gab hier nicht einmal *tripes de roche* und auch kein Feuerholz.

Wenn ich jetzt Kater Trim finden würde, dachte John, würde ich ihn sofort erschießen und verzehren. Er erschrak, war aber zu elend, um sich den Gedanken ganz zu verbieten, und deshalb nahm dieser um so quälender seinen Lauf: Katzenfleisch, das Köstlichste auf der Welt! John versuchte, für seine Phantasien eine andere Spur zu legen: Sülze vom Schweinskopf. Aber das Verrätergehirn machte nicht mit, es ließ die Sülze schmekken wie *tripes de roche* und Trims armen Körper wie Kalbsfilet.

Am 25. September aßen einige der Voyageurs das Oberleder ihrer Ersatzstiefel, und am nächsten Tag versuchten sie es mit den Sohlen. Auch Hood probierte das aus. Viel brachte er nicht herunter. Er sah John an, zuckte mit großer Anstrengung die Achseln und flüsterte: »Reichlich zäh! Wenn ich in London nächstens wieder Stiefel kaufe...«

Tagsüber hielt sich Hood noch gut, aber nachts begann er irre zu reden, von Grünstrumpf und seinem Kind. Ein kleines Mädchen habe er. Zwei Indianerinnen habe er, eine große und eine kleine. Dann wieder meinte er in einem Garten zu Hause in Berkshire zu sein und an einem sonnigen Vormittag Disteln und Brennesseln zu schneiden. »Nicht zum Anhören!« kommentierte Hepburn.

Am 26. September stießen sie auf einen großen Fluß.

John legte seine schwere Zunge zurecht und raunte: »Es ist der Kupferminenfluß. Wir müssen nur hinüber, dann sind wir schon fast da!« Sie glaubten ihm erst nach mehr als einer Stunde, daß dies wirklich der Kupferminenfluß war. Aber jetzt hatten sie kein Boot mehr. »Ein Floß bauen«, murmelte John. Nach drei Tagen war so etwas wie ein Floß fertig. Aber wie konnte man verhindern, daß es beim Übersetzen forttrieb? Richardson, der sich einen guten Schwimmer nannte, versuchte mit einem Seil über den Fluß zu kommen, um, wie er sagte, »eine Fährstation zu errichten«. Er betete eine Weile, dann zog er sich bis auf die Unterkleider aus und schwamm los. Aber er erstarrte sofort. Sie zogen ihn an seinem Seil leblos wieder aus dem Wasser und entkleideten ihn ganz, um ihn mit Schnee abzureiben. Entsetzt starrten alle auf den nackten Körper, achtzehn angstvolle Augenpaare in ausgemergelten Gesichtern. Solomon Bélanger war der erste, der sprach. »Mon Dieu! Que nous sommes maigres!« stöhnte er. Benoit, der Mann aus St. Yrieix-la-Perche, hatte einen neuen Anfall von Heimweh, er schluchzte laut, und bald weinten wieder alle. Wenn jetzt das Weinen kam, steckte es sofort an. Vielleicht sind wir schon zu Kindern geworden und nicht mehr älter als drei Jahre, dachte John und wischte sich die Tränen ab. Verzweifelt rieben sie Richardsons Körper. Er kam wieder zu sich, aber sie rieben weiter so emsig, als wollten sie mit letzter Kraft seine ursprüngliche Gestalt wiederherstellen und ihm mehr auf die Rippen packen als nur Schnee und Tränen.

Schneesturm. Das erste Floß riß sich los und verschwand in den Stromschnellen. Erst mit einem zweiten kamen sie am 4. Oktober über den Fluß. Jetzt keine weitere Zeit verlieren. »Nur noch vierzig Meilen bis Enterprise!« John sagte es immer wieder: »Es ist bald überstanden, nur noch vierzig Meilen!« Aber wie lange brauchte man für vierzig Meilen, wenn man nicht mehr konnte? Wieviel war dem Willen eines Menschen abzuverlangen? Eigentlich war es die Aufgabe des Willens, »Weitergehen!« zu befehlen, »weitergehen, nicht sterben!« Aber immer wieder lief er aus dem Ruder, machte mit dem dummen Körper gemeinsame Sache und prüfte mit Wichtigkeit die Gründe, die für sofortiges Umsinken, Schlafen und Sterben sprachen. Der Wille war ein kräftiger, aber eitler und unverhofft beeinflußbarer Bursche. Plötzlich verkündete er mit Energie und edlem Trotz: »All dies hier ist einem Menschen nicht zumutbar, jetzt gilt es den Mut zu einer Pause zu finden!« Sobald aber der müde, elende Körper das hörte, zögerte er nicht lange – er folgte der Schwerkraft und lag. Gut, daß so etwas nicht bei allen zur gleichen Zeit passierte!

Noch war John nicht umgefallen, aber er wußte, daß er nur noch Kraft hatte, weil er der Commander war. Mein System bewahrt mich nicht vor den Einfällen des Schicksals, dachte er. Manchmal bin ich für eine Situation der richtige Mann, manchmal der falsche, und daran kann man sterben. Wir hätten doch eine Suppe kochen sollen. Wir hätten... Wenn ich nicht aufpasse, dann...

Plötzlich sah er die Stadt Louth vor sich, inmitten friedlicher Wiesen voller Kühe, in der Ferne die Hügel und Wälder, er sah sogar Lastkähne auf dem Kanal entlangziehen. Dann war er in der Stadt, sah die Bürger gehen auf beiden Seiten der Straße, sie begrüßten sich freundlich, achteten und verstanden einander. Jenseits der Stadt ein riesiger Berg – das war er doch selbst! Nur er und die anderen Berge waren es, die wirklich reisten. Er allein war Commander. Er hielt für die anderen die Schnur...

Als er wieder zu sich kam, saß Augustus neben ihm und pfiff eine Melodie.

»Warum pfeifst du?« fragte John.

»Pfeifen vertreibt den Tod«, antwortete der Dolmetscher.

John stand auf. »So ist das also. Ich dachte, ich wäre ein Berg und meine Füße könnten auch ohne mich weiter. Wo sind die anderen? Ist Dr. Orme inzwischen aufgetaucht?«

Augustus sah ihn erschrocken an, und John drehte sich energisch um und marschierte weiter. Er wußte jetzt, wovor er am meisten Angst hatte: daß er auf das Meer der Verrücktheit geraten und dort kentern und sinken könnte wie ein schlecht geführtes Schiff. Die Angst ließ ihn schnell und immer schneller gehen. Ihm war, als ob die Vorboten des Irrsinns schon die Hände nach ihm ausstreckten: daß er an den Teufel glauben, von Toten verfolgt sein könnte, die ihn, weil sie noch langsamer waren, notwendig einholen müßten. Es gab nicht nur schlecht geführte, sondern auch unglückliche Schiffe.

Back ist es, der mich verrückt macht, dachte er. Ob mein Mißtrauen berechtigt ist oder nicht, er macht mich verrückt. Ich muß ihn fortschicken.

Ein Sextant, ein Kompaß, eine Skizze mit den Positionen von Fort Enterprise, Fort Providence und den wichtigsten Seen und Flüssen, das war, was Back von John mitbekam. Die Munition wurde geteilt: Back bekam ein gutes Fünftel. Schließlich hatte er nur vier Leute dabei, und sie waren noch die Stärksten: St. Germain, Solomon Bélanger, Beauparlant und Augustus. Außerdem würde er lange vor allen anderen in Fort Enterprise sein, wo die Vorräte warteten. Mochte er sich zuerst bedienen! Selbst wenn die Vorräte geringer waren als erwartet und wenn Back mit seinen Leuten zu viel verzehrte, so war das immer noch besser als ein offener Aufstand der Schnellen gegen die Langsamen.

So ließ sich das System wahren: John Franklin blieb der Befehlshaber, und alle konnten weiterhin Ehrenmänner sein.

Back marschierte los, Franklin blieb zurück. Man mußte ohnehin noch auf Samandré, Vaillant und Crédit warten, deren Zustand inzwischen schlimmer war als der von Hood.

Nach einer halben Stunde schleppte sich Samandré heran

und teilte mit, die beiden anderen seien liegengeblieben, er habe sie nicht mehr zum Aufstehen bewegen können.

Richardson ging nun auf Samandrés Spuren zurück, um nach ihnen zu sehen. Er fand sie halb erfroren, der Sprache nicht mehr mächtig, auf freiem Feld. Da er zu schwach war, einen von ihnen zu tragen, kehrte er zu den anderen zurück.

Franklin hatte sich den Fuß verstaucht und lahmte. Wer hatte noch genug Kraft? Sie versuchten Benoit und Peltier, die noch am stärksten waren, zum Transport der Liegengebliebenen zu bewegen, aber vergebens. Im Gegenteil, die Voyageurs drängten John, er möge sie hinter Back herschicken und es überhaupt jedem überlassen, wie er sich fortbewegen wolle. John packte Benoit an den Schultern und schüttelte ihn, so fest er noch konnte: »Ihr wißt die Richtung nicht, verstehst du das? Ihr wißt die Richtung nicht!«

»Wir folgen den Spuren von Mr. Back.«

»Etwas Schnee oder Regen, und ihr seht sie nicht mehr. Dann ist es aus mit euch!«

Mühsam sah Benoit das ein, aber die Erfrierenden wollte er nicht holen: »Dann ist es auch mit mir aus!«

John kämpfte einige Minuten lang mit sich, dann sagte er: »Weiter! Wir lassen sie zurück!«

Es war die Niederlage. Er hatte diese zwei Männer nicht retten können: Was war er für ein Commander! Jetzt mußte er wenigstens den Rest daran hindern, aus Verzweiflung und Blindheit zu sterben. Aber sein Fuß schwoll an und schmerzte grausam. Er begann zu ahnen, wie die Reise für ihn enden würde.

Nach wenigen Meilen brach Hood bewußtlos zusammen. Da er nicht getragen werden konnte, mußte jemand bei ihm bleiben. Richardson wollte das tun, er vertraute darauf, daß John vom Fort her Nahrung zurückschicken und sie beide vor dem Tod bewahren würde. »Nein!« antwortete John. »Ich bin der Kapitän! Auch bin ich langsamer als Sie. Ich bleibe bei

Hood, Sie ziehen mit allen anderen weiter. Hier sind Kompaß und Sextant.«

Es war, weil er nicht mehr konnte, nur deshalb. Er hätte mit den anderen nicht mithalten und sie daher, wie die Dinge jetzt lagen, nicht mehr führen können.

Sie bauten eines der Zelte auf und legten Hood hinein. Dann sammelte der Doktor den Rest der Mannschaft um sich. John schärfte ihnen ein: »Ihr bleibt zusammen! Wer allein vorausgeht, der ist verloren, weil er sich verirrt. Er zieht die anderen ins Verderben, die seinen Spuren folgen. Bleibt zusammen!«

Hepburn trat vor: »Ich bleibe bei Ihnen und Hood!«

Richardson zog los. John und Hepburn suchten nach Feuerholz, *tripes de roche* und Wildspuren. Hunger fühlte niemand mehr, nur Schwäche. Es ging nicht mehr um das Wohlbefinden, nur noch darum, mit viel Glück zu überleben.

Hepburn schoß ein Rebhuhn, das sie brieten. Sie fütterten Hood damit, und er schien sich etwas zu erholen. Für sich selbst fanden sie eine kleine Menge *tripes de roche*.

Nach zwei Tagen tauchte plötzlich Michel, der Irokese, vor dem Zelt auf. Er habe Richardson um die Erlaubnis gebeten, zusammen mit Perrault und Jean Baptiste Bélanger zum Zelt zurückzugehen. Leider habe er die beiden in der Dunkelheit verloren und ihre Spuren nicht mehr gefunden.

Das wunderte John, denn es hatte weder geregnet noch geschneit, und der Wind war ganz abgeflaut.

Fontano sei wohl auch tot, meinte Michel weiter. Er sei beim Überqueren eines Sees hingeschlagen und habe sich das Bein gebrochen. Sie hätten ihn zurücklassen müssen, und er habe ihn bei seinem Rückweg nicht mehr entdecken können.

Michel hatte Glück gehabt und einen verendeten Wolf gefunden, getötet wahrscheinlich durch den Stoß eines Rentierhorns. Er hatte Wolfsfleisch dabei, sie verschlangen es gierig und lobten den Indianer sehr. Er erbat sich eine Axt, um noch mehr zu holen. Als er fort war, grübelte John und begann zu rechnen.

»Woher hat Michel noch so viel Munition? Es ist unwahrscheinlich, daß Richardson ihm so viel überlassen hat. Und warum hat er jetzt zwei Pistolen?«

Als Michel wieder da war und ihnen weiteres Wolfsfleisch vorsetzte, fragte John ihn nach der Pistole. Michel antwortete, Peltier habe sie ihm geschenkt.

Sie aßen gierig weiter und meinten schon zu fühlen, wie die Kraft in ihre elenden Knochengerüste zurückkehrte. John aber dachte angestrengt nach: er versuchte sich an etwas zu erinnern. Irgendwann ging er vors Zelt hinaus, um die inneren Bilder noch ungestörter an seinen Augen vorbeiziehen zu lassen. Als er wieder hereinkam, sagte er: »Ich achte eben zu wenig auf Einzelheiten! Ich hätte geschworen, es sei die Pistole von Bélanger.«

Die anderen starrten ihn sofort entsetzt an.

»Denkt ihr, ich habe ihn umgebracht?« fragte Michel beschwörend. »Das ist aber nicht wahr!« Plötzlich hatte er die Hand an einer der Pistolen.

»Aber nein«, sagte Hepburn, »das denkt kein Mensch, wie kommst du denn darauf?« Der Indianer beruhigte sich wieder.

Aber von dem Wolfsfleisch wollte nun niemand mehr essen.

Tagelang ließ Michel nicht zu, daß zwei der Briten allein miteinander redeten. Wenn sie es in seinem Beisein taten, mußten sie eine Sklavensprache wählen: sie mußten etwas Unverdächtiges sagen, was er verstand, und damit gleichzeitig anderes mitteilen, was er nicht verstand: »Ob wohl auf diese Weise noch mehr Wölfe zu Tode gekommen sind?« Die Namen Perrault und Fontano wagte niemand auszusprechen. Oder: »Wenn ein Rentier vor Wölfen keine Angst mehr hat, wird es bestimmt noch mehr töten.«

Michel ahnte aber dunkel, was sie vermuteten und befürchteten. Er weigerte sich zu jagen, wurde immer tyrannischer und schrieb vor, wer wo zu schlafen hatte. Aber auch ohne miteinander zu reden, wußten die Weißen: hätte Michel die Richtung gekannt und mit dem Kompaß umgehen können, dann wären sie längst tot und, schlimmer noch, sein Proviant gewesen.

»Warum jagst du nicht, Michel?« Aber er weigerte sich.

»Es ist kein Wild da. Wir sollten sofort zum Wintersee aufbrechen. Mr. Hood können wir ja dann später holen.«

John überlegte. »Gut. Wir müssen aber erst noch Nahrung und Feuerholz für ihn sammeln, denn er kann sich ja nicht rühren.« John suchte jetzt nur noch nach einer Gelegenheit, sich mit Hepburn abzusprechen. Michel stimmte zu. Alle verließen das Zelt und gingen in verschiedene Richtungen davon. Als John möglichst laut Holz hackte, um Hepburn zu signalisieren, wo er sei, hörte er aus der Richtung des Zelts einen Schuß. Er kam gleichzeitig mit Hepburn dort an und fand Hood tot neben dem Feuer liegen. Der Schuß hatte seinen Schädel durchbohrt. Michel stand daneben. »Mr. Hood hat mein Gewehr gereinigt, da muß es geschehen sein.«

Sie begruben Hood mühsam, indem sie ihn mit etwas Schnee bedeckten. John und Hepburn brauchten sich jetzt nicht mehr lange zu verständigen: warum ließ Michel seine Waffe zurück, wenn er auf die Jagd ging? Wie konnte der halb bewußtlose Hood auch nur daran gedacht haben, sie zu reinigen? Vor allem war der Schuß von hinten in den Kopf gedrungen und vorne wieder heraus: das Hinterhaupt zeigte Spuren von Pulverschwärze. Längst hatten sie ihre geladenen Pistolen ständig griffbereit.

Jetzt war Hood tot, und die Reise konnte fortgesetzt werden. Sie brachen das Zelt ab, und John bestimmte den Kurs. Bis zum Abend schafften sie wegen des verstauchten Fußes nur noch zwei Meilen. Zur Mahlzeit dienten Teile von Hoods büffelledernem Mantel. Michel ließ sie keinen Moment aus den Augen.

JUAN DÁVALOS
Der weiße Wind der Anden

Da es immer kühler wurde, zogen die Männer ihre Reservesachen an. Nun trugen sie an Stelle der Stiefel lange Strümpfe und gestrickte Kniewärmer. Sie streiften Handschuhe und wollene Wämser über, banden sich Halstücher um und legten Schneebrillen mit dunklen Gläsern an. Dann kam das, was sie befürchtet hatten.

Kaum waren sie den ersten Abhang hinuntergestiegen, als sie schon mitten im Gewölk steckten. Es begann zu schneien. Der Wind hatte nachgelassen. Es war nicht mehr ganz so kalt wie oben. Erdrückendes Schweigen und einschläfernde Dämmerung herrschten rundum und drangen in die Herzen der Männer. Sie mußten unerbittlich voran und durften sowenig wie möglich rasten, um rasch aus der Cordillere herauszukommen.

Die Wolken nahmen jede Aussicht. Der Weg verschwand unter dem Schnee. Sie richteten sich nach den Gebeinen gefallener Tiere, die wie schauerliche Meilensteine den Weg säumten. Seit langen Jahren lagen dort Rippen, Wirbelsäulen, von Füchsen abgenagte Röhrenknochen, gehörnte Schädel. Auf dem ausgedörrten Leder des Maules lag immer noch der Ausdruck der Qual über den grausamen Tod in der Bergeinsamkeit.

Die Herde marschierte den ganzen Tag und die Nacht hindurch. Sie durchquerte ebene Flächen, erklomm Hänge, zog an ihnen entlang. Ohne Unterlaß fiel flockiger Schnee. Lange gönnten sie sich keine Ruhe, bis das Gewölk so dicht wurde, daß es die Nacht des zweiten Tages früh vorwegnahm.

Als die Herde haltmachte, schmolz der Schnee in der Wärme der Leiber, so daß alle wie in einem phantastischen Pferch eingeschlossen waren.

Es kam darauf an, die Tiere daran zu hindern, sich hinzulegen. Sie mußten mit Zurufen und Hieben in Bewegung gehalten werden. Sánchez zählte nach. Glücklicherweise fehlte kein einziges.

Es geht hart her, dachte er. Hoffentlich klärt sich das Wetter in der Nacht auf!

Er war niedergeschlagen. Seine Lippen waren rauh und aufgesprungen, die in der Kälte erstarrten Ohren glühten. Die Hände, die die Zügel halten mußten, schmerzten. Hin und wieder bewegte er die Füße, um sie in den Bügeln zu spüren.

In den Sattel gedrückt, vornübergeneigt, steif und schlaftrunken, ritt er langsam auf und ab. Zuweilen trank er einen Schluck Wein, um sich zu ermuntern.

Die Nacht kam. Es schneite noch immer.

Die Männer beschlossen, daß immer einer die Runde machen sollte, während die anderen schliefen. Sie ruhten und wachten abwechselnd, ohne an Absteigen zu denken. Das taten sie nur, als die Mulas einen Futterbeutel voll Mais erhielten. Wer hätte sich sonst getraut, auch nur einen Schritt zu tun oder den Sattel auf die Erde zu legen! Der Boden war überall mit den Ausscheidungen der Tiere bedeckt.

»Hier ist einer umgefallen! Helft mir mal!« rief Anastasio Cruz. Loreto kam herbei. Erst schlugen sie auf die stöhnende dunkle Masse ein. Dann drehten sie dem Tier den Schwanz ein und gruben ihm die Sporen in die Weichen.

Aber der Stier blieb regungslos liegen. Die anderen Rinder »rochen« den Tod und begannen zu brüllen. Anfangs waren es herzzerreißende Aufschreie, später kam ein anhaltendes, leises Klagen.

Als der dritte Tag heraufzog, schneite es noch immer. Auch am vierten Tage hielt das Gestöber an. Der Schnee lag nun fast mannshoch. Menschen und Tiere litten. Die Tiere mit traurigem Brüllen, die Menschen mit einer stillen Träne voll Erinnerung an ihr Haus in der schönen, friedlichen Heimat.

FRANZ WERFEL
Der Schneefall

Oh langsames Fallen des Schnees,
Unendlich schleierndes Treiben!
Wär doch mein Auge geistesgestählt,
Ihm könnte verborgen nicht bleiben,
Daß jede Flocke des weißen Gewehs
Gewußt ist, gewogen, gezählt.

Oh Flocken, die tanzend sich drehn,
Ihr klein beseelten Persönlichkeiten,
Vertragen von Schwere, Leichte und Wind,
In eurem Kommen und Gehn
Seh ich die Schicksale niedergleiten,
Die ihr beginnt, vollendet, beginnt ...

Die eine fällt wollig und weich,
Die andre voll Trotz und kristallen,
Die dritte von Widerständen geballt.
Doch löst sich morgen das bleiche Reich,
So stirbt nicht eine von allen,
Und die reinsten tauen zur Tropfengestalt.

Oh langsamer Schneefall der Welt,
Der Geschlechter dicht schleierndes Treiben!
Es stirbt und schwindet kein einziges Los.
Wir schmelzen, aber wir bleiben,
Wenn uns Tropfen der Tod, als Tauwind bestellt,
Heimsucht und heimsammelt zum Schoß.

NIKOLAUS LENAU
Winternacht

1.

Vor Kälte ist die Luft erstarrt,
Es kracht der Schnee von meinen Tritten,
Es dampft mein Hauch, es klirrt mein Bart;
Nur fort, nur immer fortgeschritten!

Wie feierlich die Gegend schweigt!
Der Mond bescheint die alten Fichten,
Die, sehnsuchtsvoll zum Tod geneigt,
Den Zweig zurück zur Erde richten.

Frost! friere mir in's Herz hinein,
Tief in das heißbewegte, wilde!
Daß einmal Ruh' mag drinnen sein,
Wie hier im nächtlichen Gefilde!

2.

Dort heult im tiefen Waldesraum
Ein Wolf; – wie's Kind aufweckt die Mutter,
Schreit er die Nacht aus ihrem Traum
Und heischt von ihr sein blutig Futter.

Nun brausen über Schnee und Eis
Die Winde fort mit tollem Jagen,
Als wollten sie sich rennen heiß:
Wach' auf, o Herz, zu wildem Klagen!

Laß deine Toten auferstehn,
Und deiner Qualen dunkle Horden!
Und laß sie mit den Stürmen gehn,
Dem rauhen Spielgesind' aus Norden!

ALEXANDER BLOK
Masken

Das Herz ist dem Schneesturm ergeben

Blitz, letzte Nadel, auf
im Schnee!

Erheb dich, feuerspeiend Schwarz
So daß ich deinen Schneestaub seh!

Und töte mich, wie ich es tat
Die ich geliebt hab, hat das Grab.

Die ich geliebt hab, sind vergessen.
Ich gab mich nun dem Schneesturm hin.
Er hob mein Herz und warfs hinab.
In weißen Tälern liegt es unterdessen.

Jetzt steig ich selbst auf deinen Scheiterhaufen.
Jetzt fordre ich: verbrenne mich.

Mit Schneefeurs Nadel
Durchbohr mich
Geflügelter Blick.

13. Januar 1907

»So weit wie die ganze Welt, groß, hoch und unvorstellbar weiß«

ERLÖSUNG IM SCHNEE

ERNEST HEMINGWAY
Schnee auf dem Kilimandscharo

Der Kilimandscharo ist ein schneebedeckter Berg von sechstausend Meter Höhe und gilt als der höchste Berg Afrikas. Der westliche Gipfel heißt bei den Massai ›Ngàja Ngài‹, das Haus Gottes. Dicht unter dem westlichen Gipfel liegt das ausgedörrte und gefrorene Gerippe eines Leoparden. Niemand weiß, was der Leopard in jener Höhe suchte.

...

»Möchtest du nicht noch etwas Brühe haben?« fragte ihn die Frau.

»Nein, danke sehr; sie ist ausgezeichnet.«

»Versuch doch noch ein bißchen.«

»Ich möchte gern einen Whisky-Soda.«

»Es ist nicht gut für dich.«

»Nein, ›es ist schlecht für mich, zu wissen, daß du verrückt nach mir bist!‹ Text und Musik von Cole Porter.«

»Du weißt, ich hab's gern, wenn du trinkst.«

»O ja, nur daß es schlecht für mich ist.«

Wenn sie geht, dachte er, werde ich alles haben, was ich will. Nicht alles, was ich will, aber alles, was es gibt. Gott, war er müde. Zu müde. Er wollte ein bißchen schlafen. Er lag still, und der Tod war nicht da. Er war wohl in eine andere Straße eingebogen. Er fuhr paarweise auf Rädern und bewegte sich lautlos auf dem Pflaster.

Nein, er hatte niemals über Paris geschrieben, nicht über das Paris, an dem er hing. Aber was war mit allem übrigen, das er niemals geschrieben hatte?

Was war mit der Ranch und dem silbrigen Grau des Salbeigebüschs, dem schnell strömenden, klaren Wasser in den Bewässerungsgräben und dem satten Grün der Luzerne? Der Pfad führte hinauf in die Berge, und das Vieh war im Sommer so scheu wie Wild. Das Gebrüll und das gleichförmige Geräusch und die langsam sich bewegende Masse, die den Staub aufwirbelte, wenn man das Vieh im Herbst hinuntertrieb. Und hinter dem Gebirge die klare Schärfe der Bergspitze im Abendlicht, und als er hinunterritt beim Mondlicht, wie sich der Pfad hell durch die Ebene zog. Jetzt erinnerte er sich daran, wie er im Dunkeln durchs Gehölz hinuntergekommen war und sich am Schwanz des Pferdes festgehalten hatte, wenn er nichts sehen konnte, und an all die Geschichten, die er hatte schreiben wollen.

Über den blöden Hüterjungen, den man damals auf der Ranch zurückließ, und dem eingeschärft war, keinen ans Heu zu lassen, und über jenen alten Dreckskerl von den Forks, der den Jungen, als er mal für ihn arbeitete, verprügelt hatte, und der vorbeikam, um sich Futter zu holen. Wie der Junge »Nein« gesagt hatte, und der Alte sagte, er würde ihn wieder verprügeln. Der Junge holte die Flinte aus der Küche und erschoß ihn, als er versuchte, in die Scheune zu gehen, und als sie auf die Ranch zurückkamen, lag er bereits eine Woche tot und steif gefroren in der Vieheinzäunung, und die Hunde hatten ihn teilweise aufgefressen. Aber was übrig war, packte man, in eine Decke gewickelt, auf einen Schlitten und band es fest, und man ließ sich von dem Jungen beim Ziehen helfen, und zusammen nahm man es auf und beförderte es auf Skiern die Straße hinunter und sechzig Meilen weiter hinab in die Stadt, um den Jungen der Polizei zu übergeben. Er hatte keine Ahnung davon, daß man ihn verhaften würde. Er dachte, er habe seine Pflicht getan, und man wäre sein Freund, und er würde belohnt werden. Er hatte geholfen, den alten Mann hinunterzuschaffen, damit jeder erfahren würde, wie schlecht der alte Mann gewesen war, und daß er versucht hatte, Futter zu stehlen, das ihm nicht gehörte, und als der Sheriff dem Jungen die Handschellen anlegte, konnte er es gar nicht fassen. Dann fing er an zu weinen. Das war eine der Geschichten, die er sich zum

Schreiben aufgespart hatte. Er kannte mindestens zwanzig gute Geschichten aus jener Gegend, und er hatte auch nicht eine geschrieben. Warum?

»Erzähl du ihnen, warum«, sagte er.

»Warum was, Lieber?«

»Warum nichts.«

Sie trank nicht mehr soviel, seit sie ihn hatte. Aber falls er am Leben blieb, würde er niemals über sie schreiben, das wußte er jetzt. Auch über keine der anderen. Die Reichen waren fade und tranken zuviel, oder sie spielten zuviel Tricktrack. Sie waren fade, und alle einer wie der andere. Er erinnerte sich an den armen Julian und seine romantische Ehrfurcht vor ihnen, und wie er einmal eine Geschichte begonnen hatte, die so anfing: »Die Steinreichen sind anders als du und ich.« Und wie jemand zu Julian gesagt hatte: »Jawohl, sie haben mehr Geld.« Aber das fand Julian gar nicht komisch. Er hielt sie für eine besonders glorreiche Menschenart, und als ihm aufging, daß es gar nicht so war, warf ihn das genauso um wie jede andere Sache, die ihn umwarf.

Er hatte Leute, die es umwarf, verachtet. Man brauchte es ja noch nicht zu mögen, weil man es verstand. Er konnte mit allem fertig werden, dachte er, weil ihm nichts weh tun konnte, so lange es ihn nichts anging.

Gut, jetzt würde ihn der Tod nichts angehen. Etwas, wovor er sich immer gegraut hatte, waren Schmerzen. Er konnte Schmerzen so gut ertragen wie jeder andere, bis sie zu lange anhielten und ihn aushöhlten, aber hier hatte er etwas, das entsetzlich weh getan hatte, und gerade als er fühlte, daß es ihn zerbrach, hatte der Schmerz aufgehört.

Er erinnerte sich an damals, als Williamson, der Artillerieoffizier, von einer Handgranate getroffen wurde, die eine deutsche Patrouille warf, als er in jener Nacht durch den Stacheldraht zurückkam, und wie er schrie und jeden gebeten hatte, ihn zu töten. Er war ein dicker Kerl, sehr tapfer und ein guter Offizier, wenn er auch zum Theatralischen neigte. Aber in jener Nacht blieb er im Stacheldraht hängen, und eine Rakete beleuchtete ihn, und seine Eingeweide hingen im Stacheldraht verstrickt, so daß sie ihn losschneiden mußten, nachdem sie ihn lebendig hereingebracht hatten. »Erschieß mich, Harry, um Christi willen, erschieß mich.« Sie hatten einmal darüber diskutiert, daß Gott keinem etwas schicke, was er nicht ertragen könne, und irgendeiner hatte die Theorie aufgestellt, daß dies bedeute, daß eben an einem gewissen Punkt der Schmerz automatisch das Bewußtsein auslösche. Aber er hatte sich immer an Williamson in jener Nacht erinnert. Nichts ließ ihn das Bewußtsein verlieren, bis er ihm all seine Morphiumtabletten gab, die er immer aufgespart hatte, um sie selbst zu nehmen, und dann wirkten sie auch noch nicht gleich.

Dies jedoch, was er hatte, war kinderleicht, und wenn es nicht mit der Zeit schlimmer wurde, brauchte man sich keine Sorgen zu machen. Nur daß er gern in besserer Gesellschaft gewesen wäre.

Er dachte ein bißchen an die Gesellschaft, die er gern haben würde.

Nein, dachte er, wenn man alles, was man tut, zu lange und zu spät tut, kann man nicht erwarten, daß die Menschen noch da sind. Sie sind alle weg. Das Fest ist vorbei, und man ist mit seiner Gastgeberin allein.

Mich langweilt das Sterben genauso wie alles übrige, dachte er.

»Es ist langweilig«, sagte er laut.

»Was denn, Lieber?«

»Alles, was man zu verdammt lange tut.«

Er betrachtete ihr Gesicht zwischen sich und dem Feuer. Sie lag im Stuhl zurückgelehnt, und der Feuerschein fiel auf ihr von feinen Linien durchzogenes Gesicht, und er konnte sehen, daß sie schläfrig war. Er hörte die Hyäne außerhalb des Feuerbereichs lärmen.

»Ich habe geschrieben«, sagte er, »aber es hat mich müde gemacht.«

»Glaubst du, du wirst schlafen können?«

»Sicher. Warum gehst du nicht rein?«

»Ich sitze gern hier bei dir.«

»Spürst du irgend etwas Seltsames?« fragte er sie.

»Nein, nur ein bißchen Müdigkeit.«

»Aber ich«, sagte er. Er hatte gerade gespürt, wie der Tod wieder vorbeikam. »Weißt du, das einzige, was ich nie verloren habe, ist meine Neugier«, sagte er zu ihr.

»Du hast überhaupt nichts verloren. Du bist der kompletteste Mann, den ich je gekannt habe.«

»Mein Gott«, sagte er, »wie wenig so eine Frau weiß. Was ist das? Deine Intuition?«

Weil gerade eben der Tod gekommen war und seinen Kopf auf das Fußende des Lagers lehnte, und er seinen Atem riechen konnte.

»Glaub nichts von all dem Zeug mit Sichel und Schädel«, sagte er zu ihr. »Es können genausogut zwei Polizisten auf Rädern sein, oder ein Vogel. Oder er könnte eine breite Schnauze haben wie eine Hyäne.«

Er war jetzt an ihm hochgekrochen, aber er hatte keine Gestalt mehr. Er nahm einfach Raum ein.

»Sag ihm, daß er weggehen soll.«

Er ging nicht weg, sondern kam ein bißchen näher.

»Du hast einen höllischen Atem«, sagte er zu ihm. »Du stinkender Dreckskerl.«

Er drängte sich noch näher an ihn heran, und jetzt konnte er nichts zu ihm sagen, und als er sah, daß er nicht sprechen konnte, kam er noch ein bißchen näher, und jetzt versuchte er, ihn, ohne zu sprechen, wegzuscheuchen, aber er bewegte sich an ihm hoch, so daß sein Gewicht voll auf seine Brust drückte, und während er da hockte und er sich weder bewegen noch sprechen konnte, hörte er die Frau sagen: »Bwana schläft jetzt. Nehmt das Lager sehr vorsichtig auf und tragt es ins Zelt.«

Er konnte nicht sprechen, um ihr zu sagen, daß sie ihn wegscheuchen sollte, und er hockte jetzt schwerer auf ihm, so daß er nicht atmen konnte. Und dann, als sie sein Lager hochhoben, war plötzlich alles gut, und das Gewicht wich von seiner Brust.

Es war Morgen, und es war bereits eine ganze Zeit lang Morgen, und er hörte das Flugzeug. Es sah sehr klein aus, und dann beschrieb es einen weiten Kreis, und die Boys liefen hinunter und zündeten die Feuer an und nahmen Paraffin dazu und häuften Gras auf, so daß es zwei große Rauchfahnen an beiden Enden des geebneten Platzes gab, und der Morgenwind blies sie dem Lager zu, und das Flugzeug beschrieb noch zwei Kreise, zuletzt ganz niedrig, und glitt dann hinab, richtete sich aus und landete glatt, und der alte Compton in seiner weiten Hose, seiner Tweedjacke und einem braunen Filzhut kam auf ihn zu.

»Was ist denn los, alter Hengst?« sagte Compton.

»'n schlimmes Bein«, sagte er zu ihm. »Willst du was frühstücken?«

»Danke, ich möchte nur eine Tasse Tee haben. Weißt du, es ist unser alter ›Gabelschwanz‹; die Memsahib werde ich nicht mitnehmen können. Es ist nur für einen Platz. Euer Lastauto ist unterwegs.«

Helen hatte Compton beiseite genommen und sprach mit ihm. Compton kam aufgeräumter als je zurück.

»Wir laden dich gleich ein«, sagte er. »Ich komme dann zurück für die Mem. Ich fürchte, ich muß in Arusha Zwischenlandung machen, um zu tanken. Wollen uns mal gleich in Bewegung setzen.«

»Und dein Tee?«

»Weißt du, ich mach mir wirklich nichts daraus.«

Die Boys hatten das Lager aufgenommen und trugen es dem kleinen Flugzeug zu, um die grünen Zelte herum und hinunter, am Felsen entlang, hinaus in die Ebene und an den Lichtsignalen vorbei, die jetzt, wo alles Gras aufgezehrt war, hell brannten, und der Wind blies die Flammen an. Es war schwierig, ihn hineinzubekommen, aber als er erst einmal drinnen war, lehnte er sich auf dem ledernen Sitz zurück, und das Bein lag steif ausgestreckt neben Comptons Sitz. Compton warf den Motor an und stieg ein. Er winkte Helen und den Boys zu, und während das Geratter in das alte, wohlbekannte Brausen überging, wendeten sie, und Compton hatte ein wachsames Auge auf die Warzenschweinlöcher und brauste holpernd die Strecke zwischen den Feuern entlang und hob sich mit dem letzten Stoß in die Luft, und er sah sie alle unten stehen und winken und das Lager neben dem Hügel flacher werden und die Ebene sich ausbreiten, Gruppen von Bäumen und den Busch flach werden, während die Wildspuren jetzt glatt zu den Wasserstellen liefen, und dann sah er eine neue Wasserstelle, von der er gar nichts gewußt hatte. Die Zebras, jetzt kleine, gerundete Rükken, und die Gnus, großköpfige Punkte, die aufwärts zu steigen schienen, als sie wie in langen Fingern sich über die Ebene bewegten und dann auseinanderliefen, als der Schatten sich ihnen näherte. Sie waren jetzt winzig, und ihre Bewegungen hatten nichts Galoppierendes mehr, und die Ebene war jetzt, so weit man sehen konnte, grau-gelb, und vor ihm war Compies Tweedrücken und sein brauner Filzhut. Dann waren sie über den ersten Hügeln, und die Gnus zogen hinauf, und dann waren sie über Bergen mit plötzlichen Tiefen von grün aufstrebenden Wäldern und dichten Bambushängen und dann wieder dunklem Wald wie in Spitzen und Mulden ausgehauen, bis sie darüber hinweg waren, und abfallende Hügel, und dann eine neue Ebene, heiß jetzt und lilabraun, uneben von der Hitze, und Compie, der sich umdrehte, um zu sehen, wie es ihm bekam. Dann sah man neue Berge, dunkel vor sich.

Und dann, anstatt nach Arusha weiterzufliegen, drehten sie nach links – er mußte wohl ausgerechnet haben, daß er genügend Brennstoff hatte –, und als er hinabsah, erblickte er eine treibende, rosa Wolke, die sich über den Boden bewegte und in der Luft so wie der erste Schnee in einem Schneetreiben, der von nirgendwoher kommt, und er wußte, daß die Heuschrekken vom Süden heranzogen. Dann begannen sie zu steigen, und sie schienen nach Osten zu fliegen, und dann wurde es dunkel, und sie waren in einem Gewitter, und der Regen war so dicht, daß es schien, als ob man durch einen Wasserfall flog, und dann waren sie hindurch, und Compie wandte den Kopf und grinste und deutete vorwärts, und dort vor ihnen, so weit er sehen konnte, so weit wie die ganze Welt, groß, hoch und unvorstellbar weiß in der Sonne war der flache Gipfel des Kilimandscharo. Und dann wußte er, dorthin war es, wohin er ging.

Gerade dann hörte die Hyäne auf, im Dunkel zu wimmern, und begann einen seltsamen, menschlichen, fast weinenden Ton von sich zu geben. Die Frau hörte es und bewegte sich unruhig hin und her. Sie wachte nicht auf. Im Traum war sie im Haus in Long Island, und es war der Abend vor dem ersten Ball ihrer Tochter. Irgendwie war ihr Vater da, und er war sehr grob gewesen. Dann war das Geräusch, das die Hyäne machte, so laut, daß sie erwachte, und einen Augenblick lang wußte sie nicht, wo sie war, und sie hatte große Angst. Dann nahm sie die Taschenlampe und beleuchtete damit das andere Lager, das sie hineingetragen hatten, nachdem Harry eingeschlafen war. Sie konnte seinen Körper unter dem Moskitonetz sehen, aber irgendwie hatte er sein Bein herausgezwängt, und es hing am Lager hinunter. Der Verband war vollständig abgegangen, und sie konnte nicht hinsehen.

»Molo!« rief sie. »Molo, Molo.«

Dann sagte sie »Harry, Harry!«, dann mit erhobener Stimme: »Harry. Bitte, Harry, o Gott, Harry.«

Es kam keine Antwort, und sie konnte ihn nicht atmen hören.

Draußen vor dem Zelt machte die Hyäne immer noch das gleiche seltsame Geräusch, von dem sie erwacht war. Aber sie hörte es nicht, weil ihr Herz so klopfte.

PETER HANDKE
Wunschloses Unglück

Ich wurde mit dem Auto vom Bahnhof abgeholt. In der Nacht hatte es geschneit, jetzt war es wolkenlos, die Sonne schien, es war kalt, ein glitzernder Reif schwebte in der Luft. Was für ein Widerspruch, durch eine heiter zivilisierte Landschaft, bei einer Witterung, in der diese Landschaft so sehr zu dem unveränderlichen tiefblauen Weltraum darüber zu gehören schien, daß man sich gar keinen Umschwung mehr vorstellen konnte, auf das Sterbehaus mit dem vielleicht schon gärenden Leichnam zuzufahren! Bis zur Ankunft fand ich keinen Anhaltspunkt und kein Vorzeichen, so daß mich der tote Körper in dem kalten Schlafzimmer wieder ganz unvorbereitet traf.

Viele Frauen aus der Umgebung saßen nebeneinander auf den aufgereihten Stühlen, tranken den Wein, den man ihnen reichte. Ich spürte, wie sie beim Anblick der Toten allmählich an sich selber zu denken anfingen.

Am Morgen des Beerdigungstages war ich mit der Leiche lange allein im Zimmer. Auf einmal stimmte das persönliche Gefühl mit dem allgemeinen Brauch der Totenwache überein. Noch der tote Körper kam mir entsetzlich verlassen und liebebedürftig vor. Dann wieder wurde mir langweilig, und ich schaute auf die Uhr. Ich hatte mir vorgenommen, wenigstens eine Stunde bei ihr zu bleiben. Die Haut unter den Augen war ganz verschrumpelt, hier und da lagen auf dem Gesicht noch die Weihwassertropfen, mit denen sie besprengt worden war. Der Bauch war von den Tabletten ein bißchen aufgebläht. Ich verglich die Hände auf ihrer Brust mit einem Fixpunkt weiter weg, um zu sehen, ob sie nicht doch noch atmete. Zwischen Oberlippe und Nase gab es überhaupt keine Furche mehr. Das Gesicht war sehr männlich geworden. Manchmal, wenn ich sie lange betrachtet hatte, wußte ich nicht mehr, was ich denken sollte. Dann wurde die Langeweile am größten, und ich stand nur noch zerstreut neben der Leiche. Aber als die Stunde vorbei war, wollte ich trotzdem nicht hinaus und blieb über die Zeit bei ihr im Zimmer.

Dann wurde sie fotografiert. Von welcher Seite sah sie schöner aus? »Die Zuckerseite der Toten.«

Das Begräbnisritual entpersönlichte sie endgültig und erleichterte alle. Im dichten Schneetreiben gingen wir hinter den sterblichen Überresten her. In den religiösen Formeln brauchte nur ihr Name eingesetzt zu werden. »Unsere Mitschwester...« Auf den Mänteln Kerzenwachs, das nachher herausgebügelt wurde.

Es schneite so stark, daß man sich nicht daran gewöhnte und immer wieder zum Himmel schaute, ob es nicht nachließ. Die Kerzen erloschen eine nach der andern und wurden nicht mehr angezündet. Mir fiel ein, wie oft man las, daß jemand sich bei einer Beerdigung die spätere Todeskrankheit geholt hatte.

Hinter der Friedhofsmauer begann sofort der Wald. Es war ein Fichtenwald, auf einem ziemlich steil ansteigenden Hügel. Die

Bäume standen so dicht, daß man schon von der zweiten Reihe nur noch die Spitzen sah, dann Wipfel hinter Wipfel. Zwischen den Schneefetzen immer wieder Windstöße, aber die Bäume bewegten sich nicht. Der Blick vom Grab, von dem die Leute sich rasch entfernten, auf die unbeweglichen Bäume: erstmals erschien mir die Natur wirklich unbarmherzig. Das waren also die Tatsachen! Der Wald sprach für sich. Außer diesen unzähligen Baumgipfeln zählte nichts; davor ein episodisches Getümmel von Gestalten, die immer mehr aus dem Bild gerieten. Ich kam mir verhöhnt vor und wurde ganz hilflos. Auf einmal hatte ich in meiner ohnmächtigen Wut das Bedürfnis, etwas über meine Mutter zu schreiben.

NELLY SACHS
Diese Schneeblume

Diese Schneeblume gestützt am Stab
der vor Heimweh mit ihr wandern muß
So schön entfaltete
achtundneunzig Jahre
saugend mit Schnalzen schon
Muttermilch Nacht

Blindsehend mit jenseitsblauem Blick
umwallt von der Minuten Schar
die noch ein- und auszuatmen sind
ein leichter Sterbefall um die verschleierte
ausgangbereite Braut –

ULLA BERKÉWICZ
Adam

Ich muß raus durch die Nacht, Mantel aufmachen, daß der fliegt, daß der Wind durch die Beine.

Seewind, Schneelicht, Frost. Bäume brechen, Steine springen.

Am Klosterstern, auf dem Grünplatz zwischen den Bäumen, kriecht eine Frau durch den Schnee. Sie scheint was zu suchen. Ich will wissen, was sie sucht, und gehe hin. Sie hört mich kommen mit einem Gesicht, in dem die Trauer die Hauptsache ist.

Frauke! sage ich. Die Kleider sind lang und naß, die Haare zu weißen Zöpfen geflochten. Sie sieht mit ihrem traurigen Gesicht in meins, als kennte sie meins nicht und ihren Namen nicht, als wüßte ich nicht, daß ihre Zöpfe in Mexiko weiß geworden sind, als habe ihre Mutter, die Hauswartsfrau, die schielt und ihre Augen überall hat, mir nicht erzählt, daß sie beim Zirkus war.

Sie war in Mexiko beim Zirkus und hat sich dort in den Dompteur verliebt, der Löwen bändigt. Der Zirkus wollte sie nicht haben und der Dompteur auch nicht. Sie haben sie weggejagt, aber sie ist immer wiedergekommen und nachgezogen auf blanken Sohlen und hat gefressen, was die Hunde fressen, vor seiner Tür geschlafen, im Schlamm, zur Regenzeit. Da hat er sie vielleicht getreten, denn ihre Rippen waren lose und am Becken was zerbrochen, da hat er sie vielleicht mit der Peitsche, denn die Ausländerpolizei hat ein Bündel bekommen, das Einheimische auf einem verlassenen Zirkusplatz gefunden hatten, halb in die Erde reingewühlt und stumm. Das haben sie nach Deutschland zurückgeschickt. Da war sie außer sich, da hat man sie nach Ochsenzoll gebracht, da ist sie zwei Jahre geblieben, dann haben sie die Eltern in die Kellerwohnung geholt.

Jetzt wohnt sie bei den Eltern in der Kellerwohnung und sammelt den ›Stern‹. Auf Seite fünf sind immer Tierbilder, manchmal Löwen. Sie glaubt, daß der Dompteur veranlaßt, daß die Löwenbilder in die Zeitung kommen. Heimliche Codes, Zeichen für: Komm, ich bin da und da, nimms nächste Flugzeug, ich bin da und da, ich wart auf dich, ich brauch dich, es geht mir schlecht, ich bin sehr krank und sterbe, die Löwen und die Tiger haben mich gefressen, die Löwen heißen Pascha, Nascha, Dascha, die Tiger, das sind Frauen, heißen alle Frauke, so wie du.

Ich frage, was sie in der Nacht am Boden sucht.

Lilien, sagt sie, ach, und finde keine. Hier draußen sind sonst immer welche, die zu Rosen werden, aber jetzt suche ich schon zwei Tage und kann sie nicht finden.

Sie kriecht tiefer in den Schnee, sie gräbt, und dann dreht sie sich wieder mit dem Gesicht, so still ist er darin, daß ich reden muß: Was willst du mit den Blumen?

Da lacht sie. Wenn du mich nicht verraten willst, sagt sie, pst, macht sie, spitzt den Mund und legt den Finger drauf, die Lilien sind für den König, und der Rosenkönig ist mein Schatz.

Es hat zu schneien begonnen.

Hörst du, siehst du, sagt sie, der Regen fällt stärker, Meer braust an den Rand der Wälder. Aber wenn er die Liebesküsse ausgibt und sich mit mir zusammenschließt, freuen sich alle Welten, weil von einem vollkommenen Körper alle den Segen empfangen.

Frauke, ruft jemand, Frauke, was machst du hier, wir haben dich überall gesucht, der Vater ist bis zum Hafen runter.

Die Frau vom Haus kommt durch den Schnee, läuft über die leere Fahrbahn, tritt auf die Grünfläche, erkennt mich, klagt: Die arme Tochter. Klagt: Gott hat mich schwer gestraft für lüsterne Gedanken.

Frauke kriecht tiefer in den Schnee.

Denn als ich mit ihr schwanger war, klagt die Frau, war der

Mann im Krieg, da waren die Gedanken scharf und haben bald mein Kopfkissen zerbissen.

Frauke deckt sich mit Schnee zu. Weiß, sagt sie, und sauber.

Sagen Sie den Hausbesitzern nicht, daß es wieder so schlimm mit ihr ist, Fräulein, das Kreuz, das mir aufgelegt ist, ist schwer genug.

Sie tritt der Tochter in die Rippen. Beim zweiten Tritt steht die aus dem Schnee.

Die beiden Frauen verlassen den Grünplatz, gehen über die leere Fahrbahn, zurück zum Nonnenstieg.

SIMONE FRIELING
Streit

Wir hatten zu viel getrunken. Beim letzten Tanz fing der Boden unter meinen Füßen an zu schwanken, die Decke über mir zu kreisen. Ich hielt mich an Lucias Schultern fest, versuchte auf ihre Bewegungen zu achten und schlingerte mit ihr in einem sachten Bogen auf den Weihnachtsbaum zu. An den Tannennadeln in meinen Haaren und dem feinen Klirren von splitterndem Glas merkte ich, daß wir in den Baum gefallen waren. Lucia raffte sich sofort auf, sie war nur mit dem linken Bein umgeknickt, während ich richtig auf dem Boden lag, mein Herz rasen hörte und den Alkohol des Weines roch, den ich in den vergangenen Stunden in mich hineingekippt hatte. Ich blieb liegen, es kam mir nicht sinnvoll vor, aufzustehen. Die Holzstäbchen des Parkettbodens waren, aus dieser Nähe betrachtet, so kunstvoll aneinandergefügt, daß sich aus ihnen ungeahnte Muster zusammensetzen ließen. Tannennadeln bedeckten das Parkett, geheime Hieroglyphen, dazwischen flirrten rote und goldene Splitter von Weihnachtskugeln. Das Lametta kräuselte sich in einzelnen Fäden, es bewegte sich unter meinem Atem wie silberne Würmchen, die aufeinander zukriechen. Der Harzgeruch in meinen Haaren benebelte mich, einen Augenblick glaubte ich, in dem Stamm eines Baumes zu sitzen, und wollte seine Jahresringe zählen.

Ich schaute hoch, drehte meinen Kopf dem Weihnachtsbaum zu. Auf meiner Seite war sein Schmuck herabgerissen, auf der anderen hingen noch etwas Lametta, einige Strohsterne und ein paar Kugeln. Der Hausherr hatte den Tannenbaum aufgefangen. Er stand jetzt neben dem Baum wie ein Wächter und schaute mich streng an. Ich wich seinem Blick aus und kroch auf allen vieren hinaus ins Gästezimmer.

Ich ließ mich auf die Matratze fallen und zog die Decke bis über meinen Kopf. Ich dachte an meine Eltern und daran, daß es keine Möglichkeit gab, zu ihnen zurückzukehren und wieder mit ihnen zusammenzuleben.

Ich schlief nicht, mir war zu elend. Die ganze Nacht über schwitzte ich entsetzlich oder hatte Schüttelfrost. Erst gegen Morgen fand ich eine Position, in der ich ruhig liegen bleiben konnte, ohne die Angst, erbrechen zu müssen. Auf einmal öffnete sich die Tür: es war Peter, ich erkannte seinen zögernden, schwerfälligen Gang. Ich kniff die Augen zu. Nach einer Weile spürte ich seinen Atem. Der warme Luftzug kitzelte die Härchen an meinen Schläfen. Aber ich wollte meine Augen nicht öffnen. Peter legte seine Hand auf meine Stirn, kurz und sachlich, als wolle er prüfen, ob ich fiebere. Danach verließ er das Zimmer.

Der Wecker zeigte zehn Uhr zehn. Ich stand nicht auf, als Lolo, die dicke Katze, an der Tür kratzte. Ich hörte, wie das Wasser in die Badewanne einlief, später das Klappern der Frühstücksbrettchen in der Küche, die aus der Spülmaschine genommen wurden. Ich konnte Peters Schritte gut von Katjas unterscheiden: er trug Kaninchenfellschuhe, sie die roten Lackschuhe mit hohem Absatz, die sie gestern von ihm geschenkt bekommen hatte. Die Stühle am Eßtisch wurden angeschoben, die Löffel klirrten in den Kaffeetassen, die Stimmen der beiden wechselten sich in ruhiger Gleichmäßigkeit ab, manchmal glaubte ich meinen Namen zu hören.

Nach einer Pause knallte eine Tür, so laut, daß ich nicht ausmachen konnte, welche Zimmertür es war. Die Kaninchenfellschuhe rannten durch das Wohnzimmer, dann hörte ich leises Weinen und das Wort Scheidung.

Ich gab mir einen Ruck, warf die Decke von mir ab, schob sie in meinen Rücken, um mich dort abzustützen, und zog meine Winterstiefel zu mir ans Bett heran. Mein Mantel hing draußen, vor dem Wohnzimmer in der Garderobe, ich würde ohne ihn auskommen müssen. Ich öffnete vorsichtig das Fenster, der Aluminiumrahmen gab ein hohles Zinggg von sich, nicht lauter, als wenn man die Sehne eines Bogens spannt. Dann setzte ich mich in die Fensteröffnung. Beim Sprung in den Garten merkte ich, daß ich wieder nüchtern war. Die eiskalte Luft, die unter mein T-Shirt drang, fühlte sich echt an.

Ich ging auf den Swimmingpool zu. Er war ohne Wasser, sie hatten vergessen, ihn mit einer Plane abzudecken, wie sie es sonst vor dem Winter taten. Er lag da wie eine leere Eierschale. Ich kletterte hinein, feiner Pulverschnee hatte die blauen Fliesen bestäubt. Nichts war von dem Schnee wirklich verdeckt, der Schnee lag nicht wie ein Pelz über allem, er lullte mich nicht in seine friedliche Stille ein. Alles war zu sehen, in einer unnatürlichen Schärfe. Der Schnee zeichnete die Konturen der schwarzen Äste über meinem Kopf nach, die Kanten der Kacheln waren wie mit einem Lineal gezogen, die Grashalme, die ich wie von unten sah, hatten feine weiße Abschlußstriche.

Meine Freunde hatten meinetwegen gestritten, das wußte ich. Und ich wollte nicht bei ihnen bleiben, hatte aber keine andere Unterkunft. Sie waren die einzigen, die noch zu mir hielten. Ich stand in der Mitte des Pools, sah meine Fußspur nicht, die hinter meinem Rücken verlief, sah das Haus nicht und hörte nur wie von ferne ihre erregten Stimmen. Da glaubte ich für einen Moment, ohne sie auskommen zu können. Ohne Mantel, ohne Bett und ohne Menschen. Nichts ging mich etwas an. Ich war aus der Welt hinausgetreten. Ich hatte keine Angst mehr.

Ich drehte mich um, sah auf meine Fußstapfen und fing an zu summen.

INGEBORG BACHMANN
Prag Jänner 64

Seit jener Nacht
gehe und spreche ich wieder,
böhmisch klingt es,
als wär ich wieder zuhause,

wo zwischen der Moldau, der Donau
und meinem Kindheitsfluß
alles einen Begriff von mir hat.

Gehen, schrittweis ist es wiedergekommen,
Sehen, angeblickt, habe ich wieder erlernt.

Gebückt noch, blinzelnd,
hing ich am Fenster,
sah die Schattenjahre,
in denen kein Stern
mir in den Mund hing,
sich über den Hügel entfernen.

Über den Hradschin
haben um sechs Uhr morgens
die Schneeschaufler aus der Tatra

mit ihren rissigen Pranken
die Scherben dieser Eisdecke gekehrt.

Unter den berstenden Blöcken
meines, auch meines Flusses
kam das befreite Wasser hervor.

Zu hören bis zum Ural.

HANS BENDER
Die Wölfe kommen zurück

Krasno Scheri hieß das Dorf seit der Revolution. Es lag fünfzig Werst von der nächsten Stadt in großen Wäldern, die eine Straße von Westen nach Osten durchschnitt.

Der Starost von Krasno Scheri holte sieben Gefangene aus dem Lager der Stadt. Er fuhr in seinem zweirädrigen Karren, ein schweißfleckiges Pferd an der Deichsel. Zwischen den Knien hielt er ein Gewehr mit langem Lauf und rostigem Korn. Im Kasten hinter dem Sitz lag der Proviantsack der Gefangenen voll Brot, Salz, Maisschrot, Zwiebeln und Dörrfisch.

Die Gefangenen gingen rechts und links auf dem Streifen zwischen den Rädern und dem Rand der Felder. Als die Straße in den ersten Wald mündete, stieg der Starost ab. Er band die Zügel an die Rückenlehne und ging hinter den Gefangenen her.

Sie hielten sich an die Gangart des Pferdes. Alle Gefangenen gehen langsam. Sie senkten die Köpfe, nur einer trug ihn aufrecht, drehte ihn hierhin und dorthin, neugierig, verdächtig.

»Ich habe ein Gewehr«, dachte der Starost. »Sie haben kein Gewehr. Mein Gewehr ist zwar nicht –«

Der Gefangene blieb stehen. Er ließ drei, die hinter ihm kamen, vorübergehen, bis der Starost auf seiner Höhe war.

»Guten Tag«, sagte der Gefangene.

Seit dem ersten Krieg hatte der Starost keine Deutschen mehr gesehen. Diese Deutschen waren andere Deutsche als damals. Er sah, der Gefangene war jung. Er hatte Augen in der Farbe hellblauen Wassers.

»Gibt es Wölfe im Wald?« fragte der Gefangene.

»Wölfe?« Der Starost überdachte die Frage. Ja, es war eine natürliche Frage.

»Wölfe? Es hat Wölfe gegeben. Jetzt gibt es bei uns keine Wölfe mehr. Ihr habt sie vertrieben mit eurem Krieg. Die Wölfe sind nach Sibirien ausgerissen. Früher knackte der Wald von Wölfen, und niemand hätte gewagt, im Winter allein diesen Weg zu gehen. Die letzten Wölfe sah ich im ersten Winter des Krieges, als die Geschütze von Wyschni Wolotschek herüberdonnerten.«

»Fünf Monate ist der Krieg vorbei«, sagte der Gefangene. »Die Wölfe könnten längst zurück sein.«

»Sie sollen bleiben, wo sie sind«, sagte der Starost. »In Sibirien. Sibirien, da gehören sie hin.«

Bis zum Abend gingen die Gefangenen und der Starost durch die Wälder. Manchmal brachen die Wälder ab, eine Wiese lag dazwischen, ein Streifen unbebautes Land mit dürren Sträuchern, dann begann wieder Wald, ein wirrer, unordentlicher Wald mit niedrigen, verkrüppelten Bäumen und wucherndem Unterholz.

In Krasno Scheri traten die Leute aus den Häusern und standen dunkel vor den Türen. Der Starost verteilte die Gefangenen. In jedes Haus gab er einen, und den jungen, der nach den Wölfen gefragt hatte und Russisch sprechen konnte, nahm er mit in sein Haus.

Eine Öllampe stand auf dem Tisch. In ihrem Licht saßen ein Junge und ein Mädchen, die mit runden Pupillen zur Tür sahen, wo der Gefangene auf der Schwelle wartete.

Eine Frau kam aus der Tür des Nebenraums.

»Er heißt Maxim«, sagte der Starost, während er seinen Pelzmantel auszog. Der Gefangene ging zu den Kindern am Tisch. Aufgeschlagene Bücher lagen vor ihnen mit handgeschriebenen Buchstaben und Tiefdruckbildern.

»Und wie heißt ihr zwei?« fragte der Gefangene.

Der Junge stand rasch auf und wischte mit der Hand sein Buch über den Tisch, daß es zu Boden fiel. Er ging in die Ecke der Stube und drehte dem Gefangenen den Rücken zu. Das Mädchen sah auf und lächelte.

»Wie heißt du?«

»Julia«, sagte das Mädchen.

»Julia, ein schöner Name«, sagte der Gefangene.

»Er heißt Nikolaj«, sagte das Mädchen.

Die Frau legte das Brot auf den Tisch und stellte zwei Schüsseln voll Suppe daneben. Der Starost setzte sich, der Gefangene setzte sich. Sie bliesen in die Löffel und aßen. Die Frau blieb vor dem Herd stehen und sagte ab und zu etwas von der Arbeit, vom Essen, von den Nachbarn, vom Wetter.

Der Junge kam zum Tisch zurück. Er hob das Buch auf, setzte sich an die Tischecke und begann halblaut vor sich hin zu lesen: »Heil dem Väterchen aller Kinder, Wladimir Iljitsch Lenin! – Heil dem Väterchen der kleinen Pioniere, Josef Wissarionowitsch Stalin!«

Über dem Kopf des Jungen leuchtete Papiergold, das die Engel der Dreifaltigkeit umrahmte.

Am Morgen gingen die Gefangenen, die Kolchosbauern und die Mädchen auf die Felder. Der Starost riß mit Pferd und Pflug die glasharten Schollen auf. Das Wasser in den Schrunden war gefroren. Die Eishaut zersplitterte. Die Kartoffeln waren kalt. Die Mädchen und die Gefangenen klopften die Hände in den Achselhöhlen, und der Atem rauchte vor den Münden.

Die Sonne stieg über den Wäldern hoch, schob sich in den grünblauen, seidenreinen Himmel, der sich weit über die Horizonte spannte. Krähen schrieben darauf ihre zerfledderte, kyrillische Schrift.

Das Dorf lag in der Mitte offener Felder, rundum von Wäldern umstellt. Der Weg nach Osten zog eine dünne Spur hindurch. Kinder gingen auf dem Weg, fern und klein, doch ihre Stimmen klangen nah wie Tassen, die auf ein Tablett gestellt werden.

»Sie gehen zur Schule«, sagte eine Frau zu dem jungen Gefangenen. »Hinter dem Wald liegt Rossono. Rossono ist größer als Krasno Scheri.«

»Sind auch Julia und Nikolaj dabei?« fragte der Gefangene.

»Ja, sie sind auch dabei«, sagte die Frau.

Der Gefangene winkte. Die Kinder winkten. Sie schwangen ihre Bücherbündel. Die Kinder trugen Pelzmützen und Wattejacken, unter denen nicht zu erkennen war, wer Julia und wer Nikolaj war. Alle winkten.

Als die Kinder auf dem Weg drüben zurückkamen, fiel die Sonne in die Wälder des Westens. Ein großes Feld war geerntet, die Säcke und Körbe waren abgefahren, und alle, die gearbeitet hatten, gingen zurück, müde, mit schmerzenden Rücken und kalten Gesichtern, in Erwartung der Stube, des Feuers und der heißen Suppe.

Wieder saßen die Kinder am Tisch hinter den aufgeschlagenen Büchern.

Julia sagte: »Maxim, wir haben eine Wolfsspur gesehen!«

»Was habt ihr?« fragte der Starost.

»Wir haben eine Wolfsspur gesehen«, sagte Julia.

»Wer hat sie gesehen?«

»Zuerst hat sie Spiridion gesehen, dann Katarina, dann ich, dann Nikolaj.«

»Ich hab sie vor dir gesehen«, sagte Nikolaj.

»Eine Kaninchenspur habt ihr gesehen«, sagte der Starost.

»Nein, sie war größer«, sagte Julia. »Lauter tiefe Löcher, groß wie Äpfel, und vorn waren Krallen in die Erde gedrückt.«

»Wie war die Spur, Nikolaj?«

»Wie Julia sagt. Wie Äpfel. Und Krallen auch.«

»Unsinn«, sagte der Starost. »Die Wölfe sind in Sibirien. – Wir wollen jetzt essen.«

Bevor das letzte Feld geerntet war, fiel Schnee. Der Pflug blieb in der gefrorenen Erde stecken, und die Gefangenen saßen bei ihren Quartiersleuten und brüteten vor sich hin. Die Kinder waren in der Schule. Der Starost und seine Frau saßen am Tisch. Der Gefangene stand am Fenster und sah auf das Feld.

Der Starost sagte: »Wenn es so kalt bleibt, destillieren wir morgen Sarmagonka. – Was hältst du davon, Maxim?«

»Warum nicht?«

»Gut, wir machen morgen Sarmagonka«, sagte der Starost.

»Ich mag keinen«, sagte die Frau.

»Du sollst auch keinen trinken«, sagte der Starost. »Maxim und ich trinken ihn um so lieber.«

Vor dem Fenster, auf dem Hügel, stand auf einmal ein Tier, ein schmales, hochbeiniges Tier mit dickem Kopf und schrägen Augen, einem Hund ähnlich und doch kein Hund.

»Da!«

Im Ausruf des Gefangenen war so viel Schreck und Angst, daß der Starost und seine Frau schnell zum Fenster kamen und gerade noch sahen, wie das Tier sich wandte und verschwand im wirbelnden Schnee.

»Ja, es ist ein Wolf. So sieht er aus. Die Kinder hatten recht«, sagte der Starost.

»Und die Kinder sind unterwegs!« rief die Frau.

»Der Wolf ist hier, und die Kinder sind dort«, sagte der Starost.

Aber es überzeugte nicht.

»Ihr habt doch ein Gewehr! Warum gehen wir nicht hinaus?« sagte der Gefangene.

»Mein Gewehr –«

»Es ist nicht geladen«, sagte die Frau.

Der Starost stieß einen gemeinen Fluch aus.

»Ein Wolf kommt nie allein«, sagte die Frau.

»Ich habe keine Patronen, Maxim«, sagte der Starost. »In der Stadt haben sie mir keine gegeben, im Magazin nicht und im Lager nicht. Ich wollte nicht, daß ihr Gefangene es wißt.«

»Dann nehmen wir eine Axt, ein Beil, eine Sense oder Stöcke.«

»Du kennst nicht die Wölfe, Maxim. Aber wenn du mitkommen willst –«

Sie gingen den Weg nach Osten, und als sie auf die Höhe kamen, merkten sie, daß sie keine Mäntel angezogen hatten.

Der Starost atmete schwer. Die Flocken hingen in seinen Brauen, in seinem Bart. Ein alter Mann.

»Die Kinder müßten längst hier sein«, sagte er.

Sie gingen weiter. Es war still, nur der Schnee rauschte. Fern hörten sie die Stimmen der Kinder.

Der Starost rief: »Julia! – Nikolaj!«

Der Gefangene rief: »Julia! – Nikolaj!«

Dann riefen auch die Kinder.

Der Starost und der Gefangene gingen schneller, die Kinder gingen schneller. Wie Hühner, in die der Hund bellt, flatterten sie in die Mitte der Männer, Julia, Nikolaj, Katarina, Ludmilla, Sina, Stepan, Alexander, Ivan, Nikita und Spiridion, zehn Kinder, in Pelzmützen und Wattejacken, die Bücherbündel in den steifen Fingern.

Sie redeten durcheinander von Wölfen im Wald, von brechendem Holz, Geheul und einem Netz der Spuren im frischgefallenen Schnee.

Während sie auf dem Weg standen, der Starost, der Gefangene, die Kinder, und redeten, kamen die Wölfe. Ihre Augen sahen sie zuerst, gefährliche, trübe Lichter im Vorhang des Schnees. Ihre Köpfe schoben sich heraus, die steifen Ohren, der Kranz gesträubter Haare um den Hals, die struppigen, zementgrauen Leiber mit den buschigen Schwänzen. Wie ein Keil stießen sie aus dem Unterholz über die Felder nördlich der Straße.

Die Kinder verschluckten das letzte Wort und klammerten sich in die Rücken der Männer. Der Starost hielt die Axt hoch, der Gefangene hielt die Sense hoch. Die Kopfhaut spannte sich, und die Gedanken verschwammen.

Die Wölfe liefen entlang der Straße, vorbei, eine stumme, wogende Meute. Reihe hinter Reihe, Rücken neben Rücken, lautlos, auf hohen Beinen. Sicher waren hinter dem Rudel andere, unsichtbare Rudel im Wirbel des Schnees, hundert Rudel. Manche Tiere kamen so nahe vorbei, daß die Rippen zu sehen waren, Knochen, Muskeln, Sehnen unter dem räudigen Fell und ihre roten Zungen, die lang aus den Mäulern hingen. Hunger trieb sie, Hunger machte sie blind für die Beute neben der Fährte.

So zogen Heere in die Städte der Feinde ein, durch die Mauer des Schweigens, der Verachtung, des Hasses. Die Menschen verkrochen sich vor ihnen, löschten das Licht, hielten den Atem an, schlossen die Augen und glaubten, ihr Herz klopfe gegen die Wand und die draußen könnten es hören, durch die Tür brechen und wahllose Schüsse ins Zimmer feuern.

Die Dunkelheit wuchs, und noch immer nahm das Heer der Wölfe kein Ende. Wie lange zogen sie vorbei? Wie viele waren es? Stunden. Alle Wölfe Sibiriens.

Dann kamen die letzten Wölfe. Sie trabten hinter den Rudeln her, kranke, dürre Tiere und junge Tiere, denen es schwerfiel, die Pfoten zu heben.

Nacht umschloß den Starost, den Gefangenen, die Kinder.

Lange wagten sie nicht, sich zu lösen, zu bewegen, zu sprechen.

Der Starost sprach als erster. Er sagte: »Die Wölfe kommen zurück. Sie wittern den Frieden.«

HUBERT SELBY
Lied vom stillen Schnee

Er versuchte das Wetter nach dem Licht zu bestimmen, das durch seine Augenlider drang, ein an schwarz grenzendes Grau. Vielleicht täuschte er sich, und der Wecker würde noch nicht gleich losgehen. Vielleicht beeinträchtigten die Tabletten auch sein Zeitgefühl – aber nein, das war es nicht, er spürte klar und deutlich, daß es kurz vor sieben war. Mußte bewölkt und verhangen sein, oder vielleicht schneite es sogar, wie sie vorhergesagt hatten. Könnte sein. Vielleicht schneite es sogar jetzt. Sein Gesicht legte sich in angestrengte Falten, als er sich mühte, den Schnee zu hören ... oder Regen, falls es unerwartet wärmer geworden war ... Aber er hörte nichts. Keinen Windhauch.

So konzentrierte er sich auf seine Nasenspitze. So kalt fühlte sie sich gar nicht an. Aber das mußte nicht unbedingt etwas bedeuten. Er wachte oft morgens auf, ohne daß seine Nase kalt war. Tatsächlich, wenn er so darüber nachdachte, war sie es morgens sehr selten. Sie wurde mitten in der Nacht kalt, und das hielt ihn dann manchmal wach. Okay, eins mußte man diesen Pillen lassen, man mußte nicht mitten in der Nacht raus, um zur Toilette zu gehen. Das hatte es immer ausgelöst; er war aufgestanden, und bis er wieder zugedeckt war, war seine Nase kalt, und er konnte einfach nicht mehr einschlafen. Er lag dann da, halb wach und halb schlafend, und er wußte nie, ob er träumte oder dachte. Er wußte nur, daß der Wecker früher oder später klingeln würde, und davor graute ihm. Er wäre so gern wieder eingeschlafen, aber seine Nase war so kalt, daß es schmerzte, und er kämpfte mit allen Mitteln gegen die Kälte und gegen seine Schlaflosigkeit, und er lag da in ständiger Erwartung des plötzlichen Schepperns des Weckers, aber er war niemals gänzlich auf diese Attacke vorbereitet, und wenn es ihn schließlich überfiel, erbebte sein Körper, und er hatte dann immer das Gefühl, er könne ewig schlafen, wenn er nur seine Augen schloß ... und so lag er dann da und kämpfte um Ruhe und Schlaf. Er dachte daran, wann er zu Bett gegangen und wann er ungefähr eingeschlafen war, und er rechnete, wieviel Schlaf er gehabt hatte und auf wieviel er insgesamt kommen würde, und wieviel eigentlich nötig wäre, um richtig fit für einen Arbeitstag zu sein. Vor allen Dingen wollte er ... nein, war es unabdingbar, daß er den Anforderungen seiner Arbeit mehr als gerecht wurde ... besonders jetzt, wo sie aus der Stadt weggezogen waren und sich die Verantwortung eines eigenen Hauses auferlegt hatten. Das hatte seine Vorteile, brachte aber auch viele Veränderungen mit sich. Früher fuhr er fünfzehn Minuten zur Arbeit und lief dann ein kurzes Stück. Aber jetzt dauerte es schon fast so lange, um zum Bahnhof zu kommen, und von da dann noch eine Stunde bis Grand Central, vorausgesetzt, es gab keine Verspätungen, und die gab es Gott sei Dank für gewöhnlich auch nicht. Das war einer der Gründe, weshalb sie sich für Connecticut und nicht für Long Island entschieden hatten. Alles in allem mußte er fast zwei Stunden früher aufstehen als zu der Zeit, in der sie in New York City gelebt hatten. Aber damit hatten sie gerechnet. Womit sie nicht gerechnet hatten, war, daß er wachlag und diese Stunden zählte, verzweifelt bemüht, länger zu schlafen, aber je mehr er sich mühte, desto fester verfing er sich in diesem eigenartigen Zustand zwischen Schlaf und Wachsein. Von Zeit zu Zeit verfiel er stoßweise erst in das eine, dann in das andere und fühlte buchstäblich, wie er gegen ihre unsichtbaren Wände anrannte, bis er sich aus dem Bett und in einen neuen Tag quälte.

Aber die Zeit war nur ein Teil der Nacht, der sich in sein Bewußtsein bohrte. Wenn er versuchte abzuschalten und sich nur zu entspannen, fiel ihm das plötzliche und riesige Loch in ihrem Bankkonto ein, das die Anzahlung für das Haus verursacht hatte. Er war die ganze Angelegenheit sorgfältig mit seinem Steuerberater durchgegangen, bevor sie das Haus gekauft hatten. Der Kaufpreis lag gut im Bereich ihrer finanziellen Möglichkeiten, mehr noch, nach der Steuerersparnis beliefen sich seine Reinkosten auf nicht mehr, als er Miete gezahlt hatte, und sie erwarben einen bleibenden Wert. Ja, das war die Phrase, an die er sich während dieser Morgen klammerte: Er erstand einen bleibenden Wert, und das war in diesen unsicheren Zeiten von entscheidender Bedeutung. Er war es so viele Male durchgegangen, und es hatte nie auch nur den geringsten Zweifel an der Finanzierung gegeben, außer wenn er mitten in der Nacht wach lag und verzweifelt versuchte wieder einzuschlafen und die nötige Ruhe zu bekommen, bevor der Wecker klingelte.

       Und er dachte immer an das Haus, das Haus, das ihnen so viel mehr Platz bot und den Kindern ermöglichte, herumzurennen und zu toben, ohne daß sie befürchten mußten, jemanden drunter zu stören. Und Alice hatte die Küche, die sie wollte, mit mehr als genug Platz für alle möglichen Pfannen und Töpfe und was immer sonst sie in einer Küche unterbringen wollte. Und natürlich war da auch die Freude, das eigene Heim einzurichten, mit der völligen Freiheit, alles nach Wunsch zu verändern, und noch zehntausend weitere Vorteile, und daher dachte er an all diese Dinge, und die finanziellen Sorgen zerstreuten sich. Schließlich fühlte er sich in den Schlaf hinübergleiten, aber aus irgendeinem Grund schien ein Teil von ihm sich ganz, ganz leicht an einen dünnen Faden des Wachseins festzuklammern. Wenn ihn der Wecker dann abrupt aufschrecken ließ, wurde er nicht aus einem Zustand tiefer Ruhe herausgerissen, sondern mehr oder weniger aus etwas, das unmittelbar daneben lag, und in seinem Mund war ein scharfer Nachgeschmack von Übelkeit und Übermüdung und ein pelziges Gefühl.

Aber seit er aus dem Krankenhaus nach Hause gekommen war, sorgten die Beruhigungsmittel und die nächtliche Schlaftablette dafür, daß er nicht mehr aufwachte, und daher überfielen ihn all diese Gedanken, Ängste und Sorgen nachts nicht länger. Er wachte zwar immer noch auf, kurz bevor der Wecker klingelte, aber der klingelte jetzt ja immer viel später, da er ja nicht ins Büro ging, und obwohl die Medikamente seinen Körper träge machten und sein Mund sich pelzig anfühlte und er einen schlechten Geschmack auf der Zunge hatte, mußte er nicht gegen die nervöse Erschöpfung ankämpfen, die die Ärzte für seinen Zusammenbruch verantwortlich machten. Aber es gab immer noch eine gewisse Zeit der Anspannung und ständigen Angst.

Er lag so ruhig wie möglich, leise atmend, und lauschte angestrengt, ob es eine nennenswerte Veränderung gegeben hatte, aber das war nicht der Fall. Er hörte immer noch nichts, und es war kein bißchen heller. Er spürte, daß Alice auch wach war, sagte aber nichts, obwohl er sich zu ihr drehen und sie nur sanft berühren und ihr danken wollte, daß sie da war, daß sie ihn liebte, aber die von den Medikamenten verursachte Trägheit war unüberwindbar, und so lag er bewegungslos und atmete ruhig und versuchte nicht daran zu denken, daß da ein neuer Tag war, dem er sich stellen mußte ...

Aber es waren nicht nur die Medikamente, die es ihm unmöglich machten, sich zu seiner Frau zu drehen und sie zu berühren und ihr zu sagen, daß er sie liebte und alles zu schätzen wüßte; es war auch die Verantwortung, die mit einer solchen Geste Hand in Hand geht. Wenn es ihm möglich gewesen wäre, sie so, wie sie es so gut verstand, einfach nur zu berühren; wenn er es fertig brächte, seine Hand sanft auf ihre Wange zu legen und seine Liebe zu ihr hinüberfließen zu lassen, wie er es in der Vergangenheit so oft getan hatte, würde sie sich umdrehen und lächeln und seine Hand nehmen und küssen, und er wußte, daß er jetzt nicht in der Lage war, sich dem zu stellen, daß es ihn dazu zwingen würde, nach Worten oder Gesten zu ringen, die ihm momentan nicht zur Verfügung standen. Auf einen Schlag war er so überwältigt von der Verantwortung, die die Liebe mit sich bringt... die das Leben mit sich bringt. Und so lag er auf der Seite, das Gesicht abgekehrt von seiner Frau, ruhig atmend, die Augen vor dem Tag verschlossen, und wartete auf das Klingeln des Weckers. Er wußte, daß Alice ihn sofort ausschalten würde, wenn er losging. Sie wollte ihn nicht aufwecken und stand so vorsichtig wie möglich auf, um ihn nicht zu stören. Wenn er ihr nur mitteilen könnte, daß sie sich nicht mit einem Satz auf die Uhr stürzen und vom Bett gleiten und auf Zehenspitzen ins Badezimmer gehen mußte, wo sie leise die Tür schloß und den Wasserhahn nur ganz leicht aufdrehte, um sich den Schlaf mit ein paar Tropfen aus den Augen zu wischen und mit dem Waschen wartete, bis er richtig auf war... er lauschte immer ihren fast unhörbaren Bewegungen und wünschte, er könnte sagen, daß es in Ordnung war, daß sie jetzt duschen konnte und daß sie die Kinder nicht so zur Ruhe anhalten mußte, während sie aßen und sich fertig für die Schule machten... aber der Gedanke ließ ihn erschaudern.

Vielleicht konnte er bald aufhören, diese Pillen zu nehmen. Vielleicht konnte er bald einfach aufstehen und hinuntergehen und mit seiner Familie frühstücken. Vielleicht würde er bald wieder in sein Büro gehen wie früher. Vielleicht konnte er bald seine Arme um seine Frau legen und einfach sagen, Ich liebe dich, ohne Furcht oder Schuldgefühle oder die Sorge, was er als nächstes sagen würde. Das größte Problem bestand schlicht und einfach darin, daß er nichts Positives oder Aufbauendes fand, auf das er seine Gedanken richten konnte. Wenn er an seine Arbeit dachte, fühlte er nur Angst und Sorge: Konnte er noch Leistung bringen? Würde er noch einen Job haben, wenn er wieder gesund wurde? Oder sollte er besser sagen, falls er wieder gesund wurde? Nein, nein, er mußte wieder gesund werden. Aber was fehlte ihm? Er wußte es nicht genau. Er hatte mit den Leuten im Krankenhaus gesprochen und Dr. Richter aufgesucht, aber er wußte immer noch nicht, was ihm fehlte. Was zum Teufel bedeutete nervöse Erschöpfung? Was bedeutete Ruhe? War das die Ruhe? Würde er davon genesen? Von was???? O Gott! Damit mußte es ein Ende haben. Aber wenn er an seine Frau und seine Kinder dachte, durchströmte ihn ein solches Gefühl von Traurigkeit, daß er am liebsten geheult hätte, aber er wußte doch nicht warum, weshalb sollte er weinen? Er liebte sie. Sie liebten ihn. Niemand starb, warum also weinen? Oder starb er? Gab es gewisse Tode, von denen er nichts wußte? War es möglich, für immer in diesem Zustand zu bleiben? In diese Gedanken eingeschlossen, in einem nutzlosen Versuch, seinen Gefühlen aus dem Weg zu gehen? Aber selbst wenn das Schloß geöffnet wurde, wohin konnte er gehen? Wenn er sich seinen Weg freikämpfte, endete er immer an derselben Stelle, verschlungen von diesen Gefühlen, die seinen Körper buchstäblich erstarren ließen und ihn mit bis dato unbekannter Furcht und Angst erfüllten, die das Elend der vorherigen Gedanken nahezu wie ein Vergnügen erscheinen ließen. So kam er von einem schmerzvollen Zustand in einen unerträglichen und konnte sich nicht davon freimachen. Er lauschte den Geräuschen eines neuen Morgens, als die Kinder herumhuschten, fortwährend von Alice zur Ruhe angehalten wurden, sich anzogen, aßen, ihre Bücher zusammentrugen, sich in letzter Sekunde noch an etwas Wichtiges erinnerten und schließlich eilig das Haus verließen.

Er lag weiter bewegungslos da, mit geschlossenen Augen, bis ihn der Druck auf seine Blase aus dem Bett zwang und er ins Bad ging. Er ignorierte den Spiegel und wusch sich schnell und zog alte Sachen an. Er zog die Jalousie am Fenster ein bißchen zur Seite und sah hinaus... er wurde ein klein wenig lockerer, und sein Gesicht verzog sich fast unwillkürlich zu einem Lächeln, als er den Schnee sah, der draußen in dicken Flocken fiel, auf dem Boden bereits mehrere Zentimeter hoch lag, Bäume und Büsche bedeckte. Der ganze Vorgarten war weiß und glänzte, das Weiß zerteilt durch die Fußstapfen von Beth und Michael. Ein Anflug von Freude kam in ihm auf, als er auf die stille Szenerie hinabsah – ein Rotfink und sein Weibchen durchschnitten plötzlich das Weiß –, und er erinnerte sich ans Schlittenfahren ... und dann fühlte er einen schmerzhaften Stich, als ihm bewußt wurde, daß die Kinder eigentlich in johlendes Geschrei hätten ausbrechen müssen angesichts des Schnees, aber ohne Zweifel zur Ruhe angehalten worden waren, Daddy schläft und braucht seine Ruhe. Er starrte aus dem Fenster hinaus, sich der Gefahren bewußt, die der Schnee auf den Straßen brachte, und der Tatsache, daß die Einfahrt freigeschaufelt werden mußte und ...

                                                            er flüchtete
sich langsam die Treppe hinunter.

Alice saß am Tisch und trank Kaffee. Auf ihr Gesicht trat ein Lächeln, sowie sie Harry die Treppe hinunterkommen hörte. Hast du gut geschlafen, Liebling?

Harry zuckte die Achseln und nickte, Ja.

Es schneit. Ist es nicht wunderschön?

Er nickte erneut und ging zum Herd, um sich eine Tasse Kaffee einzuschenken. Alice stand auf. Halt, laß mich das tun, Liebling. Setz dich ruhig hin.

Nein, nein. Schon gut. Ich kann das machen. Alice verharrte auf halber Strecke zum Herd. Sicher? Es macht mir nichts aus. Harry versuchte zu lächeln, brachte aber nur ein Stirnrunzeln zustande. Bitte, bitte, es ist schon gut.

Alice blieb einen Augenblick still stehen, beobachtend. Sie spürte seine Gereiztheit. Dann unternahm sie einen erneuten Versuch. Möchtest du etwas essen? Toast? Biskuits?

Nein, nein, setz dich nur hin, Alice, bitte. Er trug mit großer Vorsicht seine Tasse zum Tisch und setzte sich hin.

Alice folgte ihm und setzte sich auf, ganz langsam, um den Tisch nicht zu erschüttern und seinen Kaffee nicht zu verschütten. Sie sahen beide durch das Fenster auf den fallenden Schnee. Alice setzte ein anderes Lächeln auf. Michael war noch gar nicht richtig angezogen, da war er schon raus, um den Schnee zu testen. Er hat einen Schneeball gemacht und ihn geworfen, und als er wieder reinkam, strahlte er über das ganze Gesicht und hat gesagt, Pappt wunderbar, und er freut sich schon aufs Rodeln. Ich bin jedenfalls froh, daß heute Freitag ist. Und sie sind es auch. Das könnte gut der letzte Schnee dieses Winters sein.

Harry sah sie an, sein Gesicht entspannt, fast lächelnd, Stimmt ja. Es ist ja schon Mitte März.

Ja, und wir haben unseren ersten Winter in Connecticut ohne Frostbeulen überstanden.

Ist ja nicht so, daß wir in der Wildnis leben.

Aber es ist schon ganz anders als die Stadt. Es ist so unglaublich schön. Ihr Gesicht strahlte. Oh, Harry, ich bin so glücklich, daß wir hier raus gezogen sind. Ich danke dir für das Haus und die Bäume und ... und alles.

Harry sah sie einen Augenblick lang an, als sie ihn liebevoll betrachtete, nickte dann, trank seinen Kaffee aus und stand auf. Ich gehe jetzt mal lieber.

Machst du einen Spaziergang?

Ja.

Denkst du, es ist vernünftig, das jetzt zu tun? Ich meine ja nur, es sieht furchtbar rutschig und tückisch aus.

Das ist das einzige, was ich tue, um wieder auf die Beine zu kommen. Ich –

Das ist nicht wahr, Liebling – ihre Stimme war erfüllt von Wärme und Zuneigung –, du tust alles, was in deiner Macht liegt.

Harry nickte, Ja, das mag wohl stimmen, aber sehr viel scheints nicht zu sein.

Sie berührte zaghaft seinen Arm, nahm dann mit beiden Händen eine von seinen. Geh nicht so hart mit dir ins Gericht. Du siehst von Tag zu Tag besser aus.

Harry sah sie an und entzog ihr seine Hand. In ihm keimte leichter Ärger, dann Widerspruch und Gereiztheit. Er wollte Alice sagen, daß sie nicht so verflucht fürsorglich sein sollte, aber da fehlte der nötige Zorn, der die Worte aus seinem Mund gepreßt hätte. Seine Stimme war tonlos, zeigte aber doch seinen Gemütszustand. Ärztliche Anordnung. Jeden Tag spazierengehen. Stärkt das Herz.

Alice blieb bewegungslos stehen, als Harry sich fertig ankleidete. Sie traute sich nicht, den Mund aufzumachen, vor Furcht, daß sie zu schreien anfing oder ihn einen selbstmitleidigen Dreckskerl nannte, und sah nur stumm zu, als er sich dem Wetter entsprechend anzog... dann beschloß sie, es noch einmal zu versuchen. Krieg ich keinen Kuß? Und sie beugte sich vor, um ihn zu küssen und seinen Kuß zu empfangen. Harry versteifte sich auf der Stelle und drehte ihr seine Wange zu, als er zurückwich. Er sah sie einen kurzen Augenblick lang an, Verwirrung im Gesicht. Bis später.

Alice folgte ihm mit den Augen, als er über den Hof lief, das einzige bewegliche Objekt im Schnee. Er lief langsam und vorsichtig auf die Straße...

Sie drehte sich abrupt weg und ging in die Küche, wo sie sich daran machte, eine Pfanne zu schrubben. Ihr Kiefer spannte sich an, und es schmerzte sie in Händen und Armen, und sie schrubbte so kräftig, als wolle sie ein Loch in die Pfanne reiben. Unvermittelt ließ sie sie ins Spülbecken fallen. Verdammt noch mal. Das laß ich mir nicht länger bieten. Dieser Richter soll mal besser was unternehmen. Ich werde ihn heute anrufen und – sie sank plötzlich über der Spüle zusammen und warf den Spülschwamm nach der

Pfanne. Es war immer das gleiche. Jedesmal wenn sie sich über Harry aufregte, erinnerte sie sich daran, was der Arzt gesagt hatte: Es sei abzusehen, daß Harry eine Weile sehr in sich gekehrt sein werde, aber mit der Zeit und bei der nötigen Ruhe werde sich sein Zustand bessern. Sie sah durch das Fenster über der Spüle auf die fast unnatürliche Ruhe draußen, was sie innerlich nur noch mehr aufwühlte. Zeit. Zeit, Zeit!!!! Für alles scheint sie vonnöten, und doch hat niemand jemals genug. Verfluchte Zeit! Hörst du mich, Zeit? Ich verfluche dich! Auf welcher Seite stehst du überhaupt?!

Harry ging auf die andere Straßenseite, auf der keine Häuser standen, nur Bäume, den ganzen Weg hoch auf der leichten Steigung bis zur nächsten Straße. Auf der anderen Seite konnte er Häuser sehen, aber sie lagen weit hinten und waren nur sichtbar, weil die Bäume kahl waren. Er sah auf zu den großen Nestern, die in einigen Bäumen waren. Man hatte ihm gesagt, es seien Eichhörnchennester. Es hatte ihn überrascht zu hören, daß Eichhörnchen solche Nester hatten. Er hatte immer gedacht, sie lebten nur in Astlöchern wie in den Zeichentrickfilmen. Er war in den vergangenen Wochen jeden Tag daran vorbeigegangen, seit seiner Entlassung aus dem Krankenhaus, und er hatte jedesmal angehalten und nachgesehen, aber nicht ein einziges Mal überhaupt ein Eichhörnchen gesehen oder irgendeine andere Kreatur. Immer nichts.

Die ersten paar Male war er nur zehn Minuten gelaufen, ganz langsam, aber jetzt legte er jeden Morgen mehrere Meilen zurück. Zunächst mußte er sich etwas anstrengen, um den leichten Hügel zu erklimmen, aber er wußte, wenn er die Spitze erreicht hatte, würde das Laufen früher oder später leichter gehen, sein Kopf würde immer klarer werden. Wenn er dann wieder heimkehrte, fühlte er sich immer viel besser als vor dem Spaziergang, aber immer noch isoliert von seiner Familie ... wie von allem anderen. Er hatte mit Dr. Richter darüber gesprochen, als er das letzte Mal bei ihm war, und ihm gesagt, daß es ihm seiner Meinung nach besser gehen würde, wenn er diese Pillen nicht nehmen müßte. Aber der Arzt hatte ihn nur davor gewarnt, sich zu früh zuviel zuzumuten, und so hatte er sie widerstrebend weiterhin eingenommen. Er versprach sich in einem fort, daß er bald gänzlich damit aufhören würde oder zumindest die Dosis runtersetzen, egal was Richter sagte. Aber das lag in der Zukunft. Jetzt in diesem Augenblick mußte er nur einen Fuß vor den anderen setzen und durch die mittlerweile schon vertrauten Straßen laufen.

Als er auf der Spitze des Hügels anlangte, blieb er einen Augenblick stehen, um zu Atem zu kommen und sich umzusehen. Kein Leben war in Sicht. Alles war still. Und der fallende Schnee hatte eine Aura von Stille. Er tänzelte durch die Luft und fiel auf den Boden und die Bäume und Büsche, ohne dort je wie ein Fremdkörper zu wirken. Als ob er immer dagewesen wäre und nur ein weiterer Teil der Luft und alles anderen wäre, was ihn umgab. Er fühlte ihn über sein Gesicht streichen, als er hoch zum Himmel sah, konnte keinen Unterschied zwischen Luft und Himmel erkennen, alles ein weiches Grau mit einem inneren Licht, durch das der Schnee schwebte.

Beim Gehen betrachtete Harry die kahlen Bäume. Der Schnee umriß die Konturen der Zweige. Schneeflocken sammelten sich auf Nadelbäumen und Büschen, die sich unter der feuchten Last des Schnees ein wenig bogen. Die Stille war neu für ihn, eine Ruhe, von der er noch nie gehört oder gelesen hatte, die er aber jetzt am eigenen Leib erlebte. Und obwohl man fast glaubte, die Luft berühren zu können, war sie leichter als je zuvor, und Harry hatte beim Gehen ein angenehmes Gefühl der Schwerelosigkeit; seine Bewegungen schienen immer müheloser zu werden.

Er sah hinunter auf die Straße und das bruchlose Weiß und folgte mit den Augen seinem Fuß, der den Schnee berührte, und er lauschte dem leisen Knirschen, das er bei jedem Schritt machte. Er sah zurück auf seine Fußstapfen. Sie waren faszinierend. Außer ihm war heute niemand auf dieser Straße gelaufen. Nicht einmal der Abdruck einer Hunde- oder Eichhörnchenpfote oder die Spuren eines einzelnen Vogels. Er ging weiter durch den weichen, stillen Schnee, und ein friedvolles Gefühl durchströmte ihn und machte seinen Schritt unbeschwerter und leichter.

Er sah zu den Häusern, an denen er in den vergangenen Wochen ständig vorübergelaufen war, und obwohl er sie nie eingehend betrachtet hatte, waren sie ihm doch vertraut geworden, einfach dadurch, daß er sie so oft gesehen hatte. Jetzt war er beeindruckt, wie sich ihr Äußeres verändert hatte, als er sie durch das Grau der Luft und das Weiß des Schnees hindurch betrachtete, jedes Haus, jeder Strauch, Baum, Busch und Briefkasten von einer Schneehaube bedeckt und mit der Luft verschmolzen, als wären sie nur ein Bild, das man auf das stille, schimmernde Grau projiziert hätte, nur eine Fata Morgana, die der stille Schnee geschaffen hatte, ein Bild, das jeden Moment verschwinden konnte, um nur die Luft und den Schnee zurückzulassen, durch die er nun leichten Schrittes ging.

Er bog um eine Ecke und bemerkte den Staketenzaun; im Geiste dachte er sich dazu ein Krippenspiel, in dem Tiere das ruhende Kind beäugten, während die Heiligen Drei Könige Geschenke darreichten und sie Maria und Josef zu Füßen legten...

Lieber Himmel, lag Weihnachten erst ein paar Monate zurück? Es schien so weit weg, so lange her zu sein, daß er sich fragte, woher die Erinnerung daran stammte. Aber es ist nur noch eine Woche oder so bis Frühlingsanfang... Frühling... jawohl, das ist der letzte Schnee in diesem Winter. Das wars dann. Aus und vorbei. Die Kinder können dieses Wochenende noch einmal rodeln, und dann müssen sie die Schlitten bis zum nächsten Winter wegpacken...

ja schon, ein neuer Winter wird kommen. Aber bald ist Frühling. Und, unabhängig von der Jahreszeit, wird es jemals wieder einen Tag wie heute geben, wie gerade jetzt in diesem Augenblick? Nein... nein... Nein, es wird nie einen vergleichbaren geben... in dem man so aufgeht, dessen Teil man wird...

Er ging weiter, aber seine Schritte wurden langsamer. Er wollte nicht, daß dieser Spaziergang zu Ende ging. Er wollte nicht daran denken, daß er endete. Er wollte sich dieser Erfahrung hingeben... der weichen, erhellten Luft und dem stillen Schnee, die ihn umgaben, berührten, sich an ihn klammerten, kleine Klumpen in seinen Augenbrauen, kaum sichtbare, lichtdurchlässige Objekte an der Peripherie seines Blickfeldes, die aus einer Vision zu stammen schienen...

Vision...

Es war alles eine Vision, der er sich gegenübersah, die seinen ganzen Horizont erfüllte, die er aber in sich erlebte. Seine Lungen arbeiteten leichter, sein Atem war ruhig und mühelos, sein Herzschlag schön gleichmäßig; seine Beine leicht, Hände und Füße warm...

Ja, warm, und sogar seine Nase schien ganz warm zu sein, wunderbar warm...

Ja, ganz warm, und er wußte, daß er lächelte und daß dieses Lächeln auch warm war.

Er erreichte das Ende der Strecke. Er war eine Meile gelaufen. Zeit umzukehren. Er sah auf die Häuser, die seinen Weg säumten. Die weiter entfernten wirkten nahezu konturenlos, so sehr verschmolzen sie mit der erhellten Luft. Dann sah er hoch zu den Bäumen, deren schneeumrandetes Grau gegen das Licht verschwand. Er erblickte eine Krähe, die bewegungslos am Ende eines Astes saß, so schwarz, daß es richtig herausstach. Er sah sie gebannt an und wartete auf ihren Schrei. Er blinzelte automatisch, als der Schnee über seine Augen strich, änderte aber die Richtung seines Blickes nicht. Er stand völlig bewegungslos und still. Dann hörte er es. Dreimal. Die Krähe über ihm antwortete und erhob sich langsam in die Luft. Sie schien über dem Ast in der Luft zu stehen, und der Schnee ignorierte die schlagenden Flügel und fiel weiter unbeirrbar und schien durch die Krähe hindurch zu fließen, als diese zu ihrem Gefährten flog. Er folgte dem Vogel mit den Augen, bis er ihn nicht mehr sehen konnte, und fragte sich, ob es wahr sein konnte, daß das wirklich der erste Laut gewesen war, den er gehört hatte, seit er das Haus verlassen hatte, oder war es nur der erste, den er bemerkt hatte?

Er machte kehrt und tat den ersten, langsamen Schritt nach Hause.

Er folgte seinen eigenen Fußstapfen, die die einzigen im Schnee waren. Sie wirkten winzig, und obwohl sie alleine standen, wirkten sie nicht einsam. Beim Gedanken an einsame Fußstapfen mußte er lächeln, als ob Fußstapfen ein Eigenleben haben könnten oder sogar das Leben dessen widerspiegelten, der sie hinterlassen hatte. Vielleicht... wer wußte das schon? Aber das spielte keine Rolle. Er ging zwischen seinen eigenen Fußstapfen, ging einfach und hinterließ neue Abdrücke, die in die entgegengesetzte Richtung zeigten.

Und so schritt er dahin. Aus den Augenwinkeln registrierte er Bewegung und sah zwei Hunde, die hinter den Bäumen auftauchten. Ihr langes Fell war voller Schnee, und sie liefen leise. Sie beäugten ihn kurz und setzten ihre Reise fort, und ihre Nasen beschnüffelten nacheinander den Schnee, die Bäume, die Luft, alles ganz gemächlich und ohne einen Laut. Harry hielt nicht an, verlangsamte nicht einmal seinen Schritt, als er flüchtig beobachtete, wie sie wieder hinter Bäumen und Gebüsch verschwanden.

Er bog um eine Ecke, und da war ein langer Streifen flaches, unberührtes Weiß, durchbrochen nur von seinen Fußstapfen, der sich vor ihm erstreckte und in der weißgrauen Entfernung zu verschwinden schien. Es schien nicht möglich zu sein, aber die Luft war sogar noch weicher und stiller. Er ging weiter neben seinen Abdrücken her und hatte das Gefühl, ewig so laufen zu können; so lange weiterlaufen zu können, wie der stille Schnee fiel. Dabei würde er alle Ängste und Sorgen hinter sich lassen, alle Schrecken von Vergangenheit und Zukunft. Nichts könnte ihn mehr beunruhigen oder seinen Verstand martern und seinen Körper vor Furcht erbeben lassen; die dunkle Nacht der Seele wäre durchstanden. Es gäbe nur ihn und den weichen, stillen Schnee; und jede Flocke, während der Dauer ihrer Existenz ein eigenes und selbständiges Wesen, würde ihre ganz eigene Freude mit sich bringen, und er würde wie selbstverständlich an dieser Freude teilhaben, solange er weiterging und der sanfte, stille Schnee so ruhig und so voller Freude weiterfiel ...

Ja, und so voller Liebe ...

Liebe ...

Natürlich! Deshalb ist die Luft so leuchtend grau und lebendig und nicht so trist und düster, wie man es erwarten könnte. Es ist die Liebe, die der Schnee bringt. Gott, was für eine Wohltat er war.

Ja, er könnte ewig so weitergehen. Es würde ihm so leicht fallen, und alle Gedanken an den Tod würden von ihm abfallen, aufgesaugt vom stillen Schnee.

Harrys Atem ging leichter und leichter, und er ging, bis er sich seines Atmens nicht länger bewußt war. Selbst wenn er atmete, war es, als ob die Luft einfach durch ihn hindurch ging und seinen Körper erfrischte, ohne daß er selbst etwas dazu tun mußte. Bald hörte er nicht länger, wie sein Fuß auf dem Schnee knirschte, wie sehr er sich auch mühte, es zu hören, und es überraschte ihn nicht, denn sein Körper schien so leicht, daß er sich unmöglich vorstellen konnte, überhaupt einen Abdruck zu hinterlassen. Er wußte nur, daß er ewig so weiterlaufen konnte.

Er näherte sich seiner Straße, aber anstatt dort einzubiegen, ging er geradeaus weiter. Etwas zog ihn eine Straße hinunter, in der er noch nie gewesen war, eine Straße, die ihm völlig fremd war und ganz anders als alle anderen in seiner Umgebung. Und als er ging, schien sein Körper immer leichter und leichter zu werden, als ob das Funkeln im stillen Schnee – und das Funkeln, das die Luft erhellte – ihn durchströmte und nach und nach jede Faser seines Wesens erfüllte. Er wußte, daß er strahlte. Er wußte, daß dieses Licht seine Augen glühen ließ. Er wußte, daß er einen Lichtschimmer ausstrahlte, selbst durch seine Kleidung hindurch, und fühlte seine Beine immer leichter werden, und als er zu Boden sah, waren da keine Fußstapfen. Die weiche Schneedecke, die sich über der Straße ausbreitete, war immer noch unberührt, und so weit er zurück sehen konnte, waren keine Fußabdrücke. Er drehte sich um und sah nach vorne, und er fühlte seine Bewegungen durch das Licht der grauen, weißen Luft, fühlte, wie das Licht mehr und mehr Teil von ihm wurde und gleichzeitig er mehr und mehr Teil des Lichts, und er war innerlich erfüllt von unglaublicher Freude, als das Licht heller und heller wurde ....

und

dann hörte er es, zuerst ganz schwach, aber trotzdem klar vernehmbar. Er hörte den Schnee sacht durch die Luft fallen, und jede Flocke klang ein klein wenig anders, aber da sie ja alle voneinander völlig ungehindert fielen, überschnitten sich die Geräusche nicht und störten einander nicht, sondern verschmolzen zu einem Schneelied, von dem er wußte, daß nur sehr wenige Menschen es je gehört hatten. Und dieses Lied wurde lauter, obwohl es immer sanft blieb, als das Licht ihn weiter aufsaugte, als er weiter eins wurde mit dem Licht... und jetzt waren da gar keine Füße mehr, die Abdrücke hinterlassen konnten, oder ein Körper oder Augen, die leuchten konnten, nur noch Licht und Musik und seine Freude, seine ewige Freude. Keine Vergangenheit, keine Zukunft, nein, nicht einmal eine Gegenwart, nur allzeit neue Freude; ein Zustand, in dem es nicht einmal eine Erinnerung an Schmerz oder Mühen oder Leid gab... nur allzeit neue Freude...

und er wußte, er könnte für alle Zeit hier bleiben.

Aber dann wurde das Lied vom stillen Schnee langsam von einer anderen Musik abgelöst, zuerst nur schemenhaft, aber dann mehr und mehr vertraut, als er sie in sich hörte. Er kannte diese Musik, konnte sie aber noch nicht genau einordnen. Sie wurde immer klarer, und er hörte ihr konzentrierter zu, während er immer noch versuchte, das Schneelied festzuhalten. Die neue Musik nahm nach und nach seine gesamte Aufmerksamkeit gefangen, bis auch sie in ihm zu singen begann... dann erkannte er sie schließlich, und auf sein Gesicht trat ein Lächeln, und dann war es das einzige Lied, das er hörte... das Lied von Alice und den Kindern, und er durchlebte noch einmal alle Freuden ihres gemeinsamen Lebens...

aber immer noch klammerte er sich an den Gedanken des Lichts und der Freude, die im Lied vom stillen Schnee gelegen hatten, und er sehnte sich danach, noch ein weiteres Mal von dieser Freude erfüllt zu werden, die Zweifel und Furcht für immer ausmerzte. Er bemühte sich, diese nachlassende Freude am Leben zu halten... aber dann traf ihn ein neuer Klang wie ein Stich, und er mußte plötzlich um Atem ringen, als er seine Familie wegen seiner Abwesenheit weinen hörte, und er erlebte ihren Schmerz und ihr Leid und wurde überwältigt von der Erkenntnis, daß er wieder nach Hause gehen mußte. Wie süß das Lied vom stillen Schnee auch klingen, wie schön das Licht, wie erhaben die Freude auch sein mochten, er mußte heimgehen.

Als er sich dieser Erkenntnis ergab, wurde er sich flüchtig

seines Körpers wieder bewußt. Seine Augen mochten immer noch leuchten, aber jetzt konnte er seine Füße auf dem Boden spüren, und als ihm seine Bewegungen zunehmend bewußt wurden, drang auch an sein Bewußtsein, daß das Weinen aufgehört hatte, und wieder fühlte er das Lied der Liebe seiner Familie in sich erklingen. Er mußte lächeln, als er ihren Stimmen lauschte und fühlte, wie sich Glück und Wärme in ihm ausbreiteten. Es war nicht die Freude, wie er sie vor wenigen Augenblicken empfunden hatte, sondern eine Glückseligkeit, die er, so schien es ihm, viele, viele Jahre lang entbehrt hatte, obwohl sein Verstand ihm sagte, daß es nur Monate gewesen waren; eine Glückseligkeit, die er für immer verloren geglaubt hatte.

Er hörte den Schnee unter seinen Füßen knirschen, aber auch dieses Mal fühlte er sich leicht... ungehemmt... er konnte sich frei durch die schimmernde graue Luft und den stillen Schnee bewegen.

Er hielt an und stand da, lautlos, und betrachtete und fühlte den Schnee. Er drehte sich zurück und sah hinter sich zu der Stelle, an der seine Fußstapfen aufhörten. Ein Teil von ihm sehnte sich danach, seinen Schritten noch einmal zu folgen, noch einmal an der Freude teilzuhaben, die er für einen kurzen Augenblick erfahren hatte, aber er wußte, er konnte nicht... wollte nicht... die anderen Stimmen in seinem Inneren ignorieren. Er machte kehrt und ging festen Schritts heimwärts. Er wußte nicht, was geschehen war, aber was es auch gewesen sein mochte, er wußte, daß er jetzt wieder Hoffnung geschöpft hatte und daß, was gewesen war, wieder sein konnte. Einen Teil dieser Freude konnte er wieder zum Leben erwecken, indem er das Lied vom stillen Schnee mit nach Hause nahm. Er konnte es mit den anderen teilen. Er ging ein wenig schneller. Er wußte, daß seine Augen leuchteten und Alice es sehen konnte. Er wußte auch, daß er ihre Hand halten konnte.

ANNE SEXTON
Schnee

Schnee,
gelobter Schnee
fällt vom Himmel
wie gebleichte Fliegen.
Der Boden ist nicht mehr nackt.
Der Boden hat seine Kleider an.
Die Bäume schauen aus Laken hervor,
und jeder Ast trägt Gottes Socke.

Es gibt Hoffnung.
Es gibt Hoffnung überall.
Ich kann sie schmecken.
Jemand hat einmal gesagt:
Beiß erst zu, wenn du weißt,
ob es Brot ist oder Stein.
Ich schmecke überall Brot,
es geht auf, quellend wie eine Wolke.

Es gibt Hoffnung.
Es gibt Hoffnung überall.
Heute gibt Gott Milch,
und ich hab den Eimer.

HANS MAGNUS ENZENSBERGER
Zum Ewigen Frieden

Dieses Zeug, das aus dem dunklen
Himmel hell fällt, leicht,
gleichmäßig, lautlos, ohne
Aufenthalt tänzelnd, setzt sich

auf alles, ohne Eile, was eckig
ist, Hochhaus, Briefkasten, Sarg.
Alles, was eckig war, wird
rund, langsam bauschen sich

Mauern, der Abdruck der Schuhe
füllt sich, geht unter, mild,
es versinkt die Schaufel,
langsam, langsam, alles, was

zählbar war, spitz, distinkt,
fließt ineinander, Dachziegel,
Köpfe, behaubt sich, es unterliegt
das Schroffe dem Weichen, es weicht

der Unterschied, niedrig, hoch,
flach, erhaben, böse, gut. Da
der Hügel war vor Wochen, Tagen,
Minuten ein Puff, eine Bretterbude,

ein Schneepflug. Auch die Zeit
ist zu Watte geworden. Hie und da
noch ein Wetterhahn, eine Antenne.
Die leichte Wölbung am Horizont

undeutlich, von Flocken verschluckt,
muß das Matterhorn sein, oder
der Ararat. Es verschwindet der Krieg
im Frieden, weiß und vollkommen.

Alles gleichmäßig wie der Schnee,
nur der Schnee nicht. Jeder Kristall
für sich, verschieden von
jedem Kristall. Ein Blick

durch das Mikroskop genügt, nur
schade, daß es versunken ist,
das Mikroskop, und das Auge
verdunkelt vom Schnee.

TEXTNACHWEISE

ROSE AUSLÄNDER
geboren am 11. 5. 1901 in Czernowitz, gestorben am 3. 1. 1988 in Düsseldorf
Schneeschmelze, S. 59; aus: Mutterland/Einverständnis. Gedichte. © S. Fischer Verlag GmbH, Frankfurt am Main 1982, S. 62.

INGEBORG BACHMANN
geboren am 25. 6. 1926 in Klagenfurt, gestorben am 17. 10. 1973 in Rom
Prag Jänner 64, S. 179; aus: Werke. Erster Band: Gedichte, Hörspiele, Libretti, Übersetzungen. Herausgegeben von Christine Koschel, Inge von Weidenbaum und Clemens Münster. © Piper Verlag GmbH, München 1978, S. 169.

JÜRGEN BECKER
geboren am 10. 7. 1932 in Köln
Schnee-Gedicht, 1969, S. 109; aus: Gedichte 1965-1980. © Suhrkamp Verlag Frankfurt am Main 1981, S. 28.

HANS BENDER
geboren am 1. 7. 1919 in Mühlhausen
Die Wölfe kommen zurück, S. 180; aus: Mit dem Postschiff. 24 Geschichten. © 1962 Carl Hanser Verlag, München – Wien, S. 163-169.

ULLA BERKÉWICZ
geboren 1951 in Gießen
Adam, S. 174; aus: Adam. © Suhrkamp Verlag Frankfurt am Main 1987, S. 135-139.

GUNNAR BJÖRLING
geboren am 31. 5. 1887 in Helsinki, gestorben am 11. 7. 1960 in Helsinki
Der Schnee, S. 67; aus: Museum der modernen Poesie. Eingerichtet von Hans Magnus Enzensberger. Erster Band. Suhrkamp Verlag Frankfurt am Main 1980, S. 107, 109.

ALEXANDER BLOK
geboren am 28. 11. 1880 in Petersburg, gestorben am 7. 8. 1921 in Petersburg
Masken, S. 160; aus: Ausgewählte Werke. Band I. Gedichte und Poeme. Herausgegeben von Fritz Mierau. © Verlag Volk und Welt, Berlin 1978.

JOHANNES BOBROWSKI
geboren am 9. 4. 1917 in Tilsit, gestorben am 2. 9. 1965 in Ostberlin
Feuer und Schnee, S. 29; aus: Gesammelte Werke. Erster Band: Die Gedichte. © 1998 Deutsche Verlags-Anstalt GmbH, Stuttgart.

FELIX BRAUN
geboren am 4. 11. 1885 in Wien, gestorben am 29. 11. 1973 in Klosterneuburg
November, S. 67; aus: Viola d'Amore. Ausgewählte Gedichte 1903-1953. Otto Müller Verlag, Salzburg 1953, S. 190. Abdruck mit freundlicher Genehmigung von Tatjana Popovic.

RICHARD BRAUTIGAN
geboren am 30. 1. 1935 in Tacoma/Washington, gestorben im September 1984 in Bolinas / Kalifornien
Der kleinste Schneesturm, der je registriert wurde, S. 48; aus: Der Tokio-Montana-Express. Aus dem Amerikanischen von Günter Ohnemus. Eichborn Verlag, Frankfurt am Main 1987, S. 29-30. Abdruck mit freundlicher Genehmigung von Ianthe Brautigan und von Günter Ohnemus.

BERTOLT BRECHT
geboren am 10. 2. 1898 in Augsburg, gestorben am 14. 8. 1956 in Berlin
Frühling 1938, S. 110; aus: Gesammelte Gedichte. Band 2. © Suhrkamp Verlag Frankfurt am Main 1967, S. 815.

GEORG BÜCHNER
geboren am 17. 10. 1813 in Goddelau bei Darmstadt, gestorben am 19. 2. 1837 in Zürich

Lenz, S. 119; aus: Georg Büchner. Werke in einem Band. Nach der historisch-kritischen Ausgabe von Werner R. Lehmann. Kommentiert von Karl Pörnbacher, Gerhard Schaub, Hans-Joachim Simm und Edda Ziegler. Nachwort von Werner R. Lehmann. Carl Hanser Verlag, München Wien 1980, S. 69-71.

ADELBERT VON CHAMISSO
geboren am 30. 1. 1781 in Schloß Boncourt/Champagne, gestorben am 21. 8. 1838 in Berlin
Der erste Schnee, S. 119; aus: Chamissos Werke. Erster Band. Verlag von Friedberg u. Wode, Berlin o. J., S. 43-44.

PAUL CELAN
geboren am 23. 11. 1920 in Czernowitz, gestorben Ende April 1970 in Paris
Schneebett, S. 104; aus: Sprachgitter. © 1959 S. Fischer Verlag, Frankfurt am Main.

PAUL COLINET
geboren 1898 in Arquennes/Belgien, gestorben 1957 in Brüssel
Die Seitensprünge des Schnees, S. 47; aus: Das surrealistische Gedicht. Copyright © 1985 by www.Zweitausendeins.de, S. 246-247.

JUAN DÁVALOS
geboren am 11. 1. 1887 bei San Lorenzo/Salta, gestorben am 6. 11. 1959 in Salta
Der weiße Wind der Anden, S. 156; aus: Die schönsten Erzählungen der Welt. 2. Teil. Hausbuch unvergänglicher Prosa. Mit einem Geleitwort von Thomas Mann. Verlag Kurt Desch, Wien München Basel 1956, S. 799-800. © Verlag Karl Alber GmbH, Freiburg.

GÜNTER EICH
geboren am 1. 2. 1907 in Lebus, gestorben am 20. 12. 1972 in Salzburg
Vorwinter, S. 57; aus: Gedichte. Ausgewählt von Ilse Eichinger. © Suhrkamp Verlag Frankfurt am Main 1973, S. 133.

JOSEPH VON EICHENDORFF

geboren am 10. 3. 1788 in Schloß Lubowitz bei Ratibor, gestorben am 26. 11. 1857 in Neisse
Kapitel von meiner Geburt, S. 19; aus: Werke in vier Bänden. Vierter Band. Carl Hanser Verlag, München Wien 1981, S. 1487-1488.

HANS MAGNUS ENZENSBERGER

geboren am 11. 11. 1929 in Kaufbeuren
Kirschgarten im Schnee, S. 31; *Schattenbild*, S. 77; aus: Die Gedichte. © Suhrkamp Verlag Frankfurt am Main 1983, S. 237; S. 239; *Zum Ewigen Frieden*, S. 205; aus: Zukunftsmusik. © Suhrkamp Verlag Frankfurt am Main 1991, S. 86-87.

THEODOR FONTANE

geboren am 30. 12. 1819 in Neuruppin, gestorben am 20. 9. 1898 in Berlin
Effi Briest, S. 94; aus: Effi Briest. Roman. Insel Verlag Frankfurt am Main 1976, S. 185-193.

RICHARD FORD

geboren am 16. 2. 1944 in Jackson/Miss.
Abendländer, S. 136; aus: Abendländer. Eine Novelle. Aus dem Amerikanischen von Fredeke Arnim. © Berlin Verlag, Berlin 1997, S. 89-95.

SIMONE FRIELING

geboren am 6. 8. 1957 in Wuppertal
Streit, S. 176; Erstveröffentlichung. Abdruck mit freundlicher Genehmigung der Autorin.

MAX FRISCH

geboren am 15. 5. 1911 in Zürich, gestorben am 4. 4. 1991 in Zürich
Homo faber, S. 123; aus: Homo faber. © Suhrkamp Verlag Frankfurt am Main 1957, S. 7.

ROBERT LEE FROST

geboren am 26. 3. 1874 in San Francisco/Calif., gestorben am 29. 1. 1963 in Boston/Mass.
Innehaltend inmitten der Wälder an einem Schnee-Abend, S. 69; aus: Paul Celan, Gesammelte Werke in fünf Bänden. Herausgegeben von Beda Allemann und Stefan Reichert unter Mitwirkung von Rolf Bücher. Fünfter Band: Übertragungen II, S. 407. Für die deutsche Übersetzung: © Suhrkamp Verlag Frankfurt am Main 1983. Für den Originaltext: © 1969 by Henry Holt and Co., copyright 1951 by Robert Frost. Abdruck mit freundlicher Genehmigung von Henry Holt and Company, LLC.

STEFAN GEORGE

geboren am 12. 7. 1868 in Büdesheim, gestorben am 4. 12. 1933 in Minusio bei Locarno
Waller im Schnee (Auszug), S. 25; aus: Sämtliche Werke in 18 Bänden. Herausgegeben von der Stefan George-Stiftung, Stuttgart. Band 4: Das Jahr der Seele. Bearbeitet von Georg P. Landmann. Klett-Cotta, Stuttgart 1982.

YVAN GOLL

geboren am 29. 3. 1891 in Saint-Dié-des-Vosges, gestorben am 27. 2. 1950 in Neuilly-sur-Seine
Schneemorgen, S. 58; aus: Die Lyrik in vier Bänden. Band 1: Frühe Gedichte 1906-1930. Herausgegeben und kommentiert von Barbara Glauert-Hesse im Auftrag der Fondation Yvan et Claire Goll, Saint-Dié-des-Vosges. © 1996 Argon Verlag GmbH, Berlin, S. 288-289. Alle Rechte bei und vorbehalten durch Wallstein Verlag, Göttingen.

BRÜDER GRIMM
JACOB GRIMM
geboren am 4. 1. 1785 in Hanau am Main, gestorben am 20. 9. 1863 in Berlin. WILHELM GRIMM
geboren am 24. 2. 1786 in Hanau am Main, gestorben am 16. 12. 1859 in Berlin
Frau Holle, S. 41; aus: Kinder- und Hausmärchen. Gesammelt durch die Brüder Grimm. Winkler Verlag München 1984, S. 169-171.

DAVID GUTERSON
geboren 1956 in Seattle
Eine amerikanische Ulme, S. 124; aus: Das Land vor uns. Das Land hinter uns. Erzählungen. Aus dem Amerikanischen von Christa Krüger. © Berlin Verlag, Berlin 1997, S. 147-153.

PAAVO HAAVIKKO
geboren am 25. 1. 1931 in Danzig
Winterpalast, S. 110; aus: Gedichte. Aus dem Finnischen von Manfred Peter Hein. © Suhrkamp Verlag Frankfurt am Main 1973, S. 37-40.

PETER HANDKE
geboren am 6. 12. 1942 in Griffen/Kärnten
Wunschloses Unglück, S. 171; aus: Wunschloses Unglück. Erzählung. © Suhrkamp Verlag Frankfurt am Main 1974, S. 94-98.

ERNEST HEMINGWAY
geboren am 21. 7. 1899 in Oak Park/Illinois, gestorben am 2. 7. 1961 in Ketchum/Idaho
Schnee auf dem Kilimandscharo, S. 163; aus: Schnee auf dem Kilimandscharo. 49 Stories. Deutsch von Annemarie Horschitz-Horst. Copyright © 1950 by Rowohlt Verlag GmbH, Hamburg.

HERMANN HESSE
geboren am 2. 7. 1877 in Calw/Württemberg, gestorben am 9. 8. 1962 in Montagnola bei Lugano
Vor einer Sennhütte im Berner Oberland, S. 25; aus: Die Kunst des Müßiggangs. Kurze Prosa aus dem Nachlaß. Herausgegeben und mit einem Nachwort von Volker Michels. © Suhrkamp Verlag Frankfurt am Main 1973, S. 162-165.

GEORG HEYM
geboren am 30. 10. 1887 in Hirschberg, gestorben am 16. 1. 1912 in Berlin
Der Winter, S. 117; aus: Georg Heym Lesebuch. Gedichte, Prosa, Träume, Tagebücher. Herausgegeben von Heinz Rölleke. Verlag C. H. Beck, München 1984, S. 41.

WALTER HÖLLERER
geboren am 19. 12. 1922 in Sulzbach-Rosenberg/Oberpfalz
Der Tag besonders mühelos am Rand, S. 143; aus: Gedichte 1942-1982. © Suhrkamp Verlag Frankfurt am Main 1982, S. 23.

PETER HUCHEL
geboren am 3. 4. 1903 in Berlin, gestorben am 30. 4. 1981 in Staufen im Breisgau
Schnee, S. 75; aus: Gezählte Tage. Gedichte. © Suhrkamp Verlag Frankfurt am Main 1972.
Winterpsalm, S. 118; aus: Gesammelte Werke in zwei Bänden. Herausgegeben von Axel Vieregg. Band 1: Gedichte. Suhrkamp Verlag Frankfurt am Main 1984, S. 154. © S. Fischer Verlag GmbH, Frankfurt am Main 1963.

ISSA KOBAJASCHI
geboren am 15. 6. 1763 in Kaschiwabara/Japan, gestorben am 5. 1. 1827 in Kaschiwabara
Haiku, S. 60; aus: Haiku. Japanische Gedichte. Herausgegeben und übersetzt von Dietrich Krusche. © 1994 Deutscher Taschenbuch Verlag, München, S. 18.

SERGEJ JESSENIN
geboren am 3. 10. 1895 in Konstantinowo, gestorben am 28.12. 1925 in Leningrad
Schneesturm, S. 83; aus: Die Lyra des Orpheus. Lyrik der Völker in deutscher Nachdichtung. Herausgegeben von Felix Braun. Wilhelm Heyne Verlag, München 1978, S. 853.

JEWGENIJ JEWTUSCHENKO
geboren am 18. 7. 1933 in Station Sima/Gebiet Irkutsk
Der Schnee fällt und fällt ..., S. 68; aus: Lyrik. Prosa. Dokumente. © 1972 by Nymphenburger in der F.A. Herbig Verlagsbuchhandlung GmbH, München 1972, S. 166-167.

JENS JOHANNES JÖRGENSEN
geboren am 6. 11. 1866 in Svendborg (Fünen), gestorben am 29. 5. 1956 in Svendborg
Der ewige Schnee, S. 75; aus: Die Lyra des Orpheus. Lyrik der Völker in deutscher Nachdichtung. Herausgegeben von Felix Braun. Wilhelm Heyne Verlag München 1978, S. 777.

MASCHA KALÉKO
geboren am 7. 6. 1907 in Chrzanov/Polen, gestorben am 21. 1. 1975 in Zürich
Lied im Schnee, S. 30; aus: Heute ist morgen schon gestern. Gedichte aus dem Nachlaß. Herausgegeben und eingeleitet von Gisela Zoch-Westphal. Mit 30 Federzeichnungen von Horst Wolniak. arani-Verlag GmbH, Berlin 1980, S. 78. Abdruck mit freundlicher Genehmigung der Hunzinger Bühnenverlag GmbH, Bad Homburg; *Betrifft: Erster Schnee*, S. 57; aus: Das lyrische Stenogrammheft. Copyright © 1956 by Rowohlt Taschenbuch Verlag GmbH, Reinbek, S. 43.

MARIE LUISE KASCHNITZ
geboren am 31. 1. 1901 in Karlsruhe, gestorben am 10. 10. 1974 in Rom
Schnee, S. 102; aus: Überallnie. Ausgewählte Gedichte 1928-1965. Mit einem Nachwort von Karl Krolow. © Claassen Verlag GmbH, Hamburg 1965, S. 200-201.

ERICH KÄSTNER
geboren am 23. 2. 1899 in Dresten, gestorben am 29. 7. 1974 in München
Meyer XI. im Schnee, S. 45; aus: Gesammelte Schriften für Erwachsene. Band 1: Gedichte. Droemer Knaur, München Zürich 1969, S. 137. © Atrium Verlag, Zürich und Thomas Kästner.

KIKAKU
geboren 1660, gestorben 1707
Haiku, S. 60; aus: Haiku. Japanische Gedichte. Herausgegeben und übersetzt von Dietrich Krusche. © 1994 Deutscher Taschenbuch Verlag, München, S. 18.

KI NO TSURAYUKI
geboren 872, gestorben 945/46
Ein Wintergedicht, S. 12; aus: Die vier Jahreszeiten. Gedichte aus dem Kokin Wakashu. Ausgewählt, aus dem Japanischen übertragen und kommentiert von Peter Ackermann und Angelika Kretschmer. © Insel Verlag Frankfurt am Main und Leipzig 2000, S. 187.

FRIEDRICH GOTTLIEB KLOPSTOCK
geboren am 2. 7. 1724 in Quedlinburg, gestorben am 14. 3. 1803 in Hamburg
Winterfreuden, S. 39; aus: Werke in einem Band. Carl Hanser Verlag, München 1954, S. 81.

JÜRGEN KROSS
geboren 1937 in Hirschberg
schneegedichte, S. 65; Erstveröffentlichung. Abdruck mit freundlicher Genehmigung des Autors.

REINER KUNZE
geboren am 16. 8. 1933 in Oelsnitz/Erzgebirge
Leere Schneestangen, Norwegen, Mitte September, S. 78; aus: auf eigene hoffnung. gedichte. © S. Fischer Verlag GmbH, Frankfurt am Main 1981, S. 43.

NIKOLAUS LENAU
geboren am 13. 8. 1802 in Lenauheim/Rumänien, gestorben am 22. 8. 1850 in Oberdöbling (heute Wien)
Winternacht, S. 159; aus: Lenaus Werke. Herausgegeben von Carl Hepp. Erster Band. Bibliographisches Institut, Leipzig und Wien o. J., S. 39.

ROGER MCGOUGH
geboren 1937 in Liverpool
Schneebild, S. 143; aus: Englische Lyrik der Gegenwart. Gedichte ab 1945. Originaltexte und deutsche Prosaübertragung. Herausgegeben und übersetzt von Michael Butler und Ilsabe Arnold-Dielewicz. Verlag C. H. Beck oHG, München 1981, S. 229.

ERNST MEISTER

geboren am 3. 9. 1911 in Hagen, gestorben am 15. 6. 1979 in Hagen
Winterlich, S. 45; aus: Ausgewählte Gedichte 1923-1979. Nachwort
von Beda Allemann. Luchterhand Verlag, Darmstadt Neuwied 1997,
S. 44. Abdruck mit freundlicher Genehmigung der Rimbaud Verlagsgesellschaft mbH, Aachen.

STEN NADOLNY

geboren am 29. 7. 1942 in Zehdenick (Landkreis Gransee)
Die Entdeckung der Langsamkeit, S. 144; aus: Die Entdeckung der
Langsamkeit. Roman. © Piper Verlag GmbH, München 1987, S. 248-260.

NICANOR PARRA

geboren am 5. 9. 1914 in San Fabian bei Chillan
Schnee, S. 107; aus: Und Chile ist eine Wüste. Poesie und Antipoesie.
Aus dem Spanischen von Nicolas Born, Hans Magnus Enzensberger,
Gert Loschütz, Dieter Masuhr, Sergio Ramires, Michael Rössner, Peter
Schultze-Kraft und Michi Strausfeld. Mit einem Nachwort von Federico Schopf. Herausgegeben von Peter Schultze-Kraft. Fischer Taschenbuch Verlag, Frankfurt am Main 1986, S. 51.

BORIS PASTERNAK

geboren am 10. 2. 1890 in Moskau, gestorben am 30. 5. 1960 in Peredelkino bei Moskau
Der Stern der Geburt, S. 20; *Wiedersehen*, S. 83; aus: Doktor Schiwago. Roman. Aus dem Russischen von Reinhold von Walter. © S.
Fischer Verlag GmbH, Frankfurt am Main 1986, S. 627-628.

SYLVIA PLATH

geboren am 27. 10. 1932 in Boston/Mass., gestorben am 11. 2. 1963 in
London
Die Glasglocke, S. 130; aus: Die Glasglocke. Aus dem Englischen von
Reinhard Kaiser. © Suhrkamp Verlag Frankfurt am Main 1997,
S. 253-258.

ALEXANDR SERGEJEWITSCH PUSCHKIN

geboren am 6. 7. 1799 in Moskau, gestorben am 10. 2. 1837 in Petersburg
Winterliche Fahrt, S. 86; aus: Die Lyra des Orpheus. Lyrik der Völker in deutscher Nachdichtung. Herausgegeben von Felix Braun. Wilhelm Heyne Verlag, München 1978, S. 824.

KENNETH REXROTH

geboren am 22. 12. 1905 in South Bend/Ind., gestorben am 6. 6. 1982 in Santa Barbara/Calif.
Fallende Blätter und früher Schnee, S. 108; aus: Poesie der Welt. Nordamerika. Edition Stichnote im Propyläen Verlag, Berlin 1984, S. 273.

JOACHIM RINGELNATZ

geboren am 7. 8. 1883 in Wurzen, gestorben am 17. 11. 1934 in Berlin
Schnee, S. 46; aus: Das Gesamtwerk in sieben Bänden. Gedichte 1. Herausgegeben von Walter Pape. Copyright © 1994 by Diogenes Verlag AG Zürich, S. 232.

NELLY SACHS

geboren am 10. 12. 1981 in Berlin, gestorben am 12. 5. 1970 in Stockholm
Diese Schneeblume, S. 173; aus: Das Buch der Nelly Sachs. Herausgegeben von Bengt Holmquist. © Suhrkamp Verlag Frankfurt am Main 1968, S. 273.

HUBERT SELBY

geboren am 23. 7. 1928 in New York
Lied vom stillen Schnee, S. 187; aus: Lied vom stillen Schnee. Aus dem Amerikanischen von Oliver Huzly und Kristof Hahn. Verlag Ullstein GmbH, Frankfurt am Main und Berlin 1989, S. 201-214.

ANNE SEXTON

geboren am 09. 11. 1928 in Newton/Mass., gestorben am 4. 10. 1974 in Weston/Mass.
Schnee, S. 205; aus: Buch der Torheit. Das ehrfürchtige Rudern hin zu

Gott. Gedichte. Herausgegeben und mit einem Vorwort von Elisabeth Bronfen. Aus dem Amerikanischen von Silvia Morawetz. © S. Fischer Verlag GmbH, Frankfurt am Main 1998, S. 337.

MEIR SHALEV
geboren 1948 in Nahalal
Judiths Liebe, S. 32; aus: Judiths Liebe. Aus dem Hebräischen von Ruth Achlama. Copyright © 1998 by Diogenes Verlag AG Zürich, S. 285-390.

WALLACE STEVENS
geboren am 2. 10. 1879 in Reading/Pa., gestorben am 2. 8. 1955 in Hartford/Conn.
Der Mann im Schnee, S. 65; aus: Der Planet auf dem Tisch. Gedichte und Adagia. Englisch und deutsch. Übertragen und herausgegeben von Kurt Heinrich Hansen. Claassen Verlag Hamburg 1961, S. 129. © Wallace Stevens/Elsie and Holly Stevens. Klett-Cotta, Stuttgart 1983.

LEO N. TOLSTOJ
geboren am 9. 9. 1828 in Jasnaja Poljana, gestorben am 20. 11. 1910 in Astapowo (Gebiet Lipezk)
Anna Karenina, S. 87; aus: Anna Karenina. Roman. Herausgegeben von Gisela Drohla. Insel Verlag Frankfurt am Main 1978 (insel taschenbuch 308), S. 150-157. © Insel Verlag Frankfurt am Main 1966.

TOMAS TRANSTRÖMER
geboren am 15. 4. 1931 in Stockholm
Formeln des Winters, S. 76; aus: Sämtliche Gedichte. © 1997 Carl Hanser Verlag, München – Wien.

KURT TUCHOLSKY
geboren am 9. 1. 1890 in Berlin, gestorben am 21. 12. 1935 in Göteborg
Es gibt keinen Neuschnee, S. 70; aus: Gesammelte Werke. Band 9. Copyright © 1960 by Rowohlt Verlag GmbH, Reinbek, S. 174-175.

MARK TWAIN
geboren am 30. 11. 1835 in Florida, gestorben am 21. 4. 1910 in Redding/Connecticut
Die romantische Geschichte der Eskimomaid, S. 50; aus: Meistererzählungen. Copyright © der deutschen Übersetzung 1960 by Diogenes Verlag AG Zürich, S. 75-82.

ÉMILE VERHAEREN
geboren am 21. 5. 1855 in Sint-amands/Antwerpen, gestorben am 27. 11. 1916 in Rouen
Der Schnee, S. 79; *Nun die Flimmer von Schnee auf unser Dach ...*, S. 85; aus: Die Lyra des Orpheus. Lyrik der Völker in deutscher Nachdichtung. Herausgegeben von Felix Braun. Wilhelm Heyne Verlag, München 1978, S. 573-575.

PAUL VERLAINE
geboren am 30. 3. 1844 in Metz, gestorben 8. 1. 1896 in Paris
Der Schnee, S. 24; aus: Gedichte. Französisch und deutsch. Herausgegeben und übertragen von Hannelise Hinderberger. Verlag Lambert Schneider, Gerlingen 1992, S. 269. © Wissenschaftliche Buchgesellschaft, Darmstadt.

ALFRED DE VIGNY
geboren am 27. 3. 1797 in Schloß Loches, gestorben am 17. 9. 1863 in Paris
Der Schnee, S. 41; aus: Die Lyra des Orpheus. Lyrik der Völker in deutscher Nachdichtung. Herausgegeben von Felix Braun. Wilhelm Heyne Verlag, München 1978, S. 460.

ARNIM T. WEGNER
geboren am 16. 10. 1886 in Wuppertal-Elberfeld, gestorben am 17. 5. 1978 in Rom
Raben im Schnee, S. 64; aus: Odyssee der Seele. Ausgewählte Werke. Herausgegeben von Ronald Steckel. © Peter Hammer Verlag Wuppertal 1976, S. 357.

FRANZ WERFEL
geboren am 10. 9. 1890 in Prag, gestorben am 26. 8. 1945 in Beverly Hills/Calif.
Der Schneefall, S. 158; aus: Gedichte aus den Jahren 1908-1945. © Fischer Taschenbuch Verlag GmbH, Frankfurt am Main 1993, S. 108.

WILLIAM CARLOS WILLIAMS
geboren am 17. 9. 1883 in Rutherford/New Jersey, gestorben am 4. 3. 1963 in Rutherford
Winter, S. 40; aus: Die Worte, die Worte, die Worte. © Suhrkamp Verlag Frankfurt am Main 1973, S. 13.

INGRID WILTMANN
geboren 1949 in Letmathe/Sauerland
Das eigentliche Weiß, S. 63; aus: Viertelgegenwart. Kurzprosa. © 1996 Gollenstein Verlag, Blieskastel, S. 173-176.

JIŘÍ WOLKER
geboren am 29. 3. 1900 in Prostejov, gestorben am 3. 1. 1924 in Prostejov
Winter, S. 68; aus: Museum der modernen Poesie. Eingerichtet von Hans Magnus Enzensberger. Erster Band. © Suhrkamp Verlag Frankfurt am Main 1980, S. 111.